普通学級で障害児と共に生きる

地域で共に学ぶことをめざしてきた一教師のコラム集

片桐健司

千書房

はじめに

私が、障害があってもみんなといっしょに学ぶことが大切だと考えるようになったのは、1970年代のことであった。

小学校の教員になって4年目、私のクラスにひとりの「障害」児、のぶちゃんが交流という形で入ってきた。彼は、私のクラスに来たとたん「僕は特殊学級には戻らない」と私の教室にいついてしまった。様々な「事件」やトラブルをおこしていく彼に、初めは戸惑った私であったが、けんかやもめごとを通しながら、彼も周りの子どもたちも変わっていった。それまで、障害のある子は特別なところで学んだ方が良いと考えていた私は、子どもは分けて育ててはいけない、みんないっしょが普通で当たり前であることを、のぶちゃんやクラスの仲間から教えられた。

それ以後、私は、普通学級の担任をしながら、様々な子どもたちと関わってきた。同時に、地域の学校に入りたいけど受け入れられない、という親子の相談にものってきた。

そんなことから、1980年代半ば、私の住んでいた東京の品川区に、そういう親子やそれを支援する地域の人たちといっしょに「品川・地域で共に生きる会」を始めた。月に1回程度の集まりを持ち、月に1回程度の会報「つうしん」を発行するだけのささやかな会であったが、ささやかなまま、この会は30年も続いてきた。そして「つうしん」も今では300号を越えている。

その「つうしん」にコラムを載せるようになったのは、1994年のことである。その後ほぼ毎回、200以上のコラムを書いてきた。学校でのできごと、親子の悩み、ひどい話、つらい話、そして世の中の事件まで、毎月思ったこと、感じたことを書いてきた。

この本は、そのコラムの中から、特にみなさんにお伝えしたいことを100ほど選んでまとめたものである。何かのヒントになったらうれしい。

もくじ

第1章　教室の中で

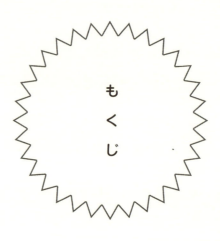

第2章　就学するとき

第3章　行事の中で

第4章　いじめを考える

第5章　支援教育・進路・制度・・・

第6章　「障害」と「差別」と

第7章　事件・事故・政治・・・

第8章　身の周りの出来事から

第9章　命・心・生きる・・・

第*1*章

教室の中で

絵・荒畑皓太さん

『私はこの子に何もしてやれない』と言う先生の言葉

「私は、この子に何もしてやれない」と学校の先生に言われた、という話をこの1週間に3回も聞いた。それほどによく言われる言い方である。これまでも何度聞いたかわからない。

こう言われて、ひどく傷ついた思いをされた方も多いと思う。

当たり前である。子どもにとって一番身近で、学校の中で一番自分を支えてくれるはずの担任から、「あなたのお子さんの面倒は見られない、あなたのことは知らない。」と言われているのと同じなのだから。

そういう言い方はないのではないかと問いただすと、「そんなつもりで言ったのではない」と言い訳する先生もまた多い。

そして必ずと言っていいほど付け足す言葉がある。

「この子には、もっとていねいに見てもらえるところがある。特殊学級や養護学校に行けばその子にあった教育がしてもらえる」と。

要するに、「あなたはここにいてはいけない」ということを伝えるために、わざわざ「自分は何もできない」という言い方で見切りをつけさせようとしているだけなのだ。

長年教員をやってきて思う。「障害児」であろうとなかろうと、私は子どもたちにいったい何ができてきたかと。おそらく何かしてやれたことなんてごくわずかだったのではないか。教え方がわからなくて途方に暮れ、何もできないことに苦悩し、しかし、たまに何かがうまくいったことや小さな子どもの成長に喜び、子どもたちと楽しく過ごせるわずかな瞬間を大切に、なんとかやってきた。それは普通学級だから、特殊学級だからということではない。特殊学級だって実際にはできないことの方が多い。どちらにしろ、わたしたちにできることは、どんな場であれ、どんな子であれ、その子たちといっしょに学び合い、生活を共にしていこうという思いをもつことだ。

「この子に何もしてやれない」という言葉の裏に、「他の子はちゃんとしてやっています」という教員の傲慢さを感じる。

教員が、様々な子どもたちとの出会いを喜び、大切にし、大変なことはあるかもしれないが、謙虚に子どもたちとつきあっていこうとしていくことの中で、共にあることのすばらしさを実感できるように思う。「障害児」をかかえて「何もできない」という前に、その子からどうしたらいいかを学び取っていくことができたらいいのになあと思う。

（２００５／６　２００号）

できないことを子どものせいにしてはいけない

「おたくのお子さんは、算数の理解ができていないですね。」「やることが遅くて・・・。」「文章題ができていませんね。」 個人面談での担任と母親との会話。こう言われて母親はひどくショックを受けたという。

もともと、就学のときから普通学級にいけるかどうか親として気になったというその子。就学前に教育委員会の窓口に行き、相談を受けたら、その相談の担当者からもその子の否定的なことばかり言われて、地域の学校に入れてもらえるのかしらと心配した。ひょっとしたことから、相談できる人がいて、教育委員会の担当責任者とも直接話すことができ、なんとか希望のところへの入学が決まった。

それから〇年。そんな経過がうそみたいにその子は元気に学校に行っていた。入学の時にそんなことがあったのかと思えるぐらい、勉強もそれなりにこなしていた。ところが、学年が変わって、新しい担任との個人面談で言われたのが先の言葉。

入学のときの経緯などは知らないのだろうが、それはそれとして、その子のできないことばかり並べ立てて、この担任は母親に何をしろと言いたいのだろうかと考えてしまった。

できない子をできるようにするところが学校だろうと思うし、その役割を果たすのが先生だろう。どの程度子どもができるようになるかはともかく、そうなるように努力し、うまくいかなければその責任を感じなければいけないのは、先生なのだ。先生はプロなのだ。それで給料をもらい、子どもに教えているのだから。

先生は聖職などという野暮なことは言うつもりはない。しっかり、労働者であってほしい。勤務時間を越えてまで仕事をしろとも言いたくない。しかし、子どもとしっかり向き合って、この子に今必要なことは何かを自分の責任として自覚してほしい。

だから、もし子どもにたいしてうまくいかないことがあったら、「あれができない、これができない」ではなく、「うまく教えられなくてすみません」と、まず先生は親にあやまらなければならない。その上で、この子をどう育てていったらよいか「力はたりませんが、保護者の方といっしょに相談していきましょう。」というのが先生の姿勢ではないだろうか。

子どもは、ひとりひとり違うということも考えてほしい。すぐ理解できる子もいるかもしれないが、ゆっくりの子もいるのだ。ゆっくりはゆっくりの良さがある。できないことや、ゆっくりなことを子どものせいにしてはいけない。できないことではなく、少しでものびたり、がんばったりしていることを見つけ、認めながら、その子を育ててほしい。

（2013／6　288号）

できないことにも価値がある！

ある教員向けのミニコミ誌の小さなコラムに、金子みすゞの「わたしと小鳥とすずと」の学習の様子がのっていた。それを書いた先生は、「みんな違ってみんないい」のところで、「お勉強の苦手なG君の『みんな違うのがたのしい』という感想がステキでした。」と書いていた。

今の学校教育はなんだかんだ言いながら、実は「みんな同じ」を求めている。運動会のダンスで、一人でもずれれば「何やってるんだ」としかられる。給食を２０分か２５分で食べなければ、「もっと早く食べなさい」と厳しく言われる。教室から勝手に出ていったり、授業中にうるさい子がいたりすると、とんでもなくいけないことをしている子のように言われる。

「みんな違うのがたのしい」というのは、そんないろいろな違いを楽しく受け止め合うことができることなのだと思う。勉強ができなくてもいい。集団生活ができなくてもいい。遅くなってもかまわない。そんな違いをわかりあい、大切にしあえる関係なのだと思う。障害児がそこにいてはいけないという発想はそこからは生まれない。

そう言ったその子も「ステキ」だが、それをとりあげたその先生も「ステキ」だと思った。そして、その先生が、障害児も排除することなく、「みんな違うのがたのしい」といってくれたらもっとステキだなと思った。

　ところが、その「ニュース」の裏（２面）を見たら、「今年も、どの子も泳がせたい」という別のひとりの教員の言葉がのっていた。どの教員でも言いそうな当たり前の言葉だが、（私もよく言っているような気がするので、あまり言えた立場ではないのだが）、実はこの言葉の裏には「違い」を認めない考え方があることを感じてしまった。

　みんなが泳げるようになってほしいという教員の気持ちを否定はしない。しかし、それを強く言われると、泳げない子がいてもいい、いろんな子がいていい、みんな違っていいという響きが、そこからは聞こえてこない。泳げることにどれだけの意味があるのか、逆に泳げないことはいけないことなのか、泳ぎたくないのに無理して泳がされる子の気持ちはどうなのか。

　誰でも、やりたくないことを無理にやらされることはいやだ。バンジージャンプがもし学校の授業に取り入れられたら私は絶対に逃げる。どんなに先生が熱心に勧めてもやりたくない。運転免許をもっていれば便利かもしれないが、なくてもいい。ない方が良い場合だってある。できることにも価値があるが、できないことにも価値がある。だからみんな違ってみんな良いのだ。

　それだけに学校でやることはできなければいけないという価値観をもってしまうことに怖さを感じる。そして、そのことのために、人が分けられてしまうことはあってはならないと思うのだ。同じ「ニュース」の中の記事だが、その違いは大きいと思った。もっとも、これも「違っていい」のかな・・・。

（２００６／７　２１２号）

教えないからできないんだ！

このところ、ゆとり教育批判から学力低下論が言われるようになり、一般の親たちを不安にさせている。だから、「学力向上」が現実のものになったら、うちの子の成績もあがるのではないかという期待をもつ人も多いかも知れない。

しかし、「成績」を他人との比較でつけるとするならば、みんな「学力」があがってしまって「成績」はあがらない。また、今の受験制度の中では、合格する人が増えるわけでもない。かりに、全体の平均点が65点から70点にあがったとして、確かに大きな向上といえそうだが、個人で考えて、その人が5点あがって、それで人生がどう変わるかというと、それほどの期待もできない。「学力向上」によって、何か得るものがあるのだろうか。

一方で、高校に入りたいけれど入れない（入りにくい）という現実は、今も続いている。「適格者主義」といって、高校の学習に耐えられるような「基礎学力」がない生徒は受け入れられないということがまかり通っている。そんなこと言うなら、高校の学習に耐えうる学力をもった生徒が今の高校にどれだけいるかということも、きちんと語ってほしいとも思うのだが、結局「適格者主義」は障害児を排除するために使われる。

そもそも、学習に耐えられるとか、耐えられないとかは変な言い方だと思う。学校教育というのは、「できない」子を「できる」ようにするのがそのひとつの役割ではなかったのか。教員は、「できない」子と向き合い、その子を「できる」ようにする（「できる」ようになるかどうかはともかく最低限その努力をする）のが仕事ではなかったのか。

私も長年教員をやってきたが、ずっとそう考えて、言葉がうまくしゃべれない子や、字がうまく書けない子、数の意味がよく分からない子にいろいろ工夫して教えてきた。

ある障害児教育の研究集会で、「先生が教えないからできないんだ」という発言があって、本当にそうだなと思った。「できない」子ほど、たくさんの「教育」が必要なんだと思う。（それは、単に時間的に多くとか、無理強いするということではないが・・・。）

「できない」から来てはだめではなく、できない子こそ「教育」が必要なんだから、最優先して学校は受け入れなければならない。そういう子とつきあって、そこに進歩が見えたとき、ああ、先生やっててよかったと思える。そういう喜びを学校、先生たちは大切にしてほしい。

「学力向上」と言うなら、ここから始めるべきだ。「できない」子の「学力向上」がまず大事にされる教育改革であるなら、本物と言えるかも知れない。そういう改革をぜひ進めてほしい。

こう言うと、だったら特殊学級、養護学校へ行けばいいじゃないか、と言われそうだ。ひとこと付け加えておくと、私の「工夫」は、私ひとりではなかなかできなかった。たくさんの周りの子たちの存在と手助けがあってできてきたということ。これだけは間違いない！

（２００６／１１　２１５号）

「達成感」って何?

ここ1,2ヶ月の間に「達成感」という言葉を何回か耳にした。特殊学級や養護学校を勧めるときに使われているようだ。「普通学級にいて、何もわからなくて達成感が得られなかったらかわいそうですよ」みたいな言われ方をするという。

いかにももっともらしい言い方で、納得してしまいそうになる。

しかし、「達成感」というのは普通の学級では得られなくて、特殊や養護なら得られるものなのだろうか。何かができたり、わかったりすれば達成感が得られるというものなのだろうか。

私が、小中学生であったり学生であったりした頃、学習したことが理解できたからといって達成感なるものを感じたかというとそうでもない。もしかしてあれが達成感かなと思うのは、なかなかはまらなかったジグソーパズルの一片が見事にはまったときとか、苦労して作っていた何かが完成したとき。

私がある子を持っていたとき、その子は3年生だったが字が書けなかった。そこで国語の時間には、たとえば黒板に書いたことを、私がその子のノートにうすく書いてあげてその子がなぞるようなことをしていた。そのうち、いつの間にか、その子は私が書かなくても自分で黒板の字を写すようになっていた。「先生、ぼく自分で書いたよ」というその子の言葉でクラスのみんなも「すごい、〇〇くん書いた！」と喜び合った。

また、前にもっていた子で、勉強も得意でなかったけど体操も苦手な子がいた。その子が高飛びをするとき、40センチぐらいのまたげば越せる高さのバーがどうしても越せない。クラスのみんなが（普段はけんかばかりしているのにそのときは）「〇〇がんばれ」と応援していたら、顔を真っ赤にしながら、最後にその高さを越え、その子もみんなも感激したことがあった。

ひとことに達成感と言ってもいろいろある。ひとりで感じるものよりは関係の中で得られるもののほうがずっと大きいかもしれない。また、やさしいこととかむずかしいこととかの問題ではなく、その人の生き方やありようの中で生まれてくるものではないだろうか。

普通学級にいる「障害」児は達成感が得られないと初めから決めてしまうことはおかしな話である。

簡単に「達成感」を言う人に「あなたにとって達成感とは何ですか」と聞いてみたい。

「達成感」が語られるとき、そこにはその言葉を巧みに使って、子どもたちを振り分けようとする意図があるように感じてならない。

（２００４／１１　１９３号）

「できない」こともまたすばらしい⁉

去年の秋、足立区で、学力テストの結果で予算に差をつけるという報道があった。テストの結果の良かった学校ほど予算を多くし、悪い学校は予算が少なくなるという。なんてばかな、と思った人も少なくないだろう。点数の低い学校に予算をつけて「学力」がのびるようにするというならまだ話はわかるが、これでは学校の格差が広がるばかりと心配になった。

もっとこわいのは、こういう形で、点数で表される価値観ばかりが重要視されていくと、豊かな人間性を身につけてほしい学校教育が、点数やそれをめぐる競争に巻き込まれて、非常に狭い価値観をもった人間を育ててしまうこと。当然、平均点を下げるであろう「障害」児などは、あってはならない存在とされてしまうだろう。「お前のために予算がもらえなかった」となれば、子どもからよりもおとなにいじめられる。(今だって子どもより、おとなの方がいじめているが。)

今、声高く言われている「学力向上」という考え方そのものが、基本的に間違えているように思う。少なくとも「点数」を上げるという意味での「学力向上」を言うことは良いことではない。それは、逆を言えば、点数の低いこと、できないことはよくないという価値観を持たせているからだ。「学力向上」の裏には「できないことはいけないこと」というメッセージを含んでいることを考えなければならない。

あの乙武さんが小学校の先生をするという。彼は、「学校で違うことの大切さを子どもたちに伝えたい」と言っていた。「五体不満足」の彼にはできないことがたくさんあるだろう。違いを大切にするということは、そういうできなさも大切にするということだと思う。うまく歩けないことや、目が見えない、耳が聞こえないことはいけないことではない。歩けないことにも、見えないことにも、聞こえないことにも、価値がある。違うことを大切にするということは、そういうできないことの価値を大切にすることだと思う。もちろん「勉強」ができないことも。

なぜ、「学力」が必要なのかをあらためて考えなければならない。もしそれが必要とするなら、それはそれによって、弱者を含め、みんなが豊かに生きていくためでなければならない。いくら「学力」があっても、周りのことを考えないでそれを使うんだったらそんな学力、ない方がよい。逆にいくらできないことが多くても、その人の存在が周りを豊かに変えていくんだったら、それはずばらしいことであると思う。

何ができようとできまいと、それがその人の価値ではない。人はできる、できないを含めてみんな違う。その違いを本当の意味で大切にできたら、今の世の中はもっと住み良くよくなるだろう。

乙武さんが、そういう意味で違いを大切にすることを子どもたちに伝えてもらえたらと期待する。願わくば「学力向上」は違いを大切にすることにはならないと、言ってもらいたいものだ。

（２００７／６　２２２号）

首相が漢字を間違えて読んだらいけないか

またまた「学力」の話で恐縮だが、大学生の学力が低いということが問題になっているという報道があった。なんでも、「（　）食う虫も好きずき」の（　）の部分に何という言葉が入るか、などのことわざのテストの正答率が低かったのだそうだ。

そういえば、どこかの国の総理大臣も漢字を間違えて読んだとかで話題になった。「未曾有（みぞう）」を「みぞうゆう」、「踏襲（とうしゅう）」を「ふしゅう」と読んだとか・・・。

この総理大臣の味方をするわけではないが、漢字が読めなかったり、ことわざを知らなかったりすることは誰にでもあることだと思う。人はその育った環境やそのときの興味、関心によって、できること、できないことはそれぞれ違う。だからある人にとって常識だと思っていることでも、ある人にとってはよくわからなかったり、知らなかったりすることは当然ある。

恥ずかしい話だが、私は40才をすぎるまで「団塊の世代」の「団塊」の読みと意味がわからなかった。たまたま出会ったある学生に「団塊の世代の方の意見が聞きたい」と言われ、そのとき初めて自分は「団塊の世代」の人間なんだということや、「団塊」を「だんかい」と読むことを知った。知ってみて気がついたのだが、世間では当たり前に「団塊」という言葉が使われていた。そしてたまにこの字を「だんこん」と読んで失笑をかったりする人がいて、人ごとではないと秘かに思ったりもした。

みんなが知っていると思われることを知らないというのはへんに肩身がせまい。「団塊」のほかにも、自分が知らないことで恥ずかしい思いをしたり、知ったふりをしてその場をごまかしたりすることはしょっちゅうある。「奥入瀬」を「おくいらせ」と読んだら「それはオイラセと読むんですよ」と言われたり、「二階から目薬」ということわざを知らなかったり・・・。

何かができなくて人をばかにしたり、反対に知らなかった自分を恥ずかしかったりする気持ちがどこから生まれてくるのかといえば、私はその一つに学力至上主義があるのだと思う。いつも言っていることだが、できることばかりに価値観がおかれてしまうのだ。できないといけないとか思わないで、金子みすずではないが「みんな違ってみんないい」というとらえ方ができたら、もっと学校の勉強のあり方も、人間関係も変わってくるのではないだろうか。漢字が読めなくても英語をしゃべるあの総理大臣は、英語のできない私からみれば、すごい人なのだ。

（追記）もっとも、その総理大臣には言いたい。漢字は読めなくてもよいが、弱い人、病気の人の気持ちをもっとわかる人になってほしいと。もしその人たちの気持ちがわかったら、「たらたら飲んで、食べて、何もしない人の分の金（医療費）をなんで私が払うんだ」などという発言はしない。後になってから「もし、その人たちにいやな思いをさせたならお詫びします。」などというのも「謝罪」ではない。漢字が読めないことよりも、きちんと謝罪できないところにこそ、その人の「学力」というか「人間性」が問われているのだと思う。

（２００８／１２　２３８号）

よく教室からいなくなるA君だが

A君は、特に「障害」児と言われているわけではない。就学のときにも、問題なく地域の学校に入学した。しかし、学校生活ではかなり他の子と違う行動をとる。朝会でみんなが並んでいるときも、まず並んでいることはない。校庭の隅の方でうろうろしていたりする。授業中もよく教室からいなくなる。初めからいないこともある。

担任にしてみれば「困った子」となりそうだが、つきあってみるとなかなか楽しく、決して憎めない子でもある。

教室からいなくなるのは、何か他のものに興味をもってしまったときだ。彼は、一応勉強はしなくてはいけないと思っているし、ルールにも従わなければと思っている。そういう意味では、素直な良い子である。ところが、授業以上におもしろいものがあると、そっちに行かずにはいられなくなってしまう。

虫や亀や恐竜が好きなA君は、カタツムリを見つけただけで、もうチャイムが鳴っても教室に戻ることを忘れてしまう。図書室でおもしろい恐竜の本を見つけて読み始めれば、たとえ一度教室に戻ってきても、担任がつまらない授業をやっていたりすると、また、続きが見たくなって図書室にもどってしまう。彼の興味に勝つだけの授業をするのは至難の業だ。たいがいは、私の負けとなる。その結果「おーい、A君、戻って来いよ」とA君を迎えに行くことになる。

そんなとき、彼は、そのとき見た虫の話などを実に楽しそうに私に話してくれる。私も一応専門は理科の教員であり、昆虫や恐竜については彼の興味と自分の興味が重なる部分もあるので、けっこう話が合う。小学2年生にしてすでに教員をはるかに凌ぐ知識量をもった彼の話は、なかなかおもしろい。

文部省の言う、「自ら学ぶ力をつける」とか、個性を育てるとかいう点では、彼はまさにその通りの子である。

そんな彼を見ていると、学校って何？　とか、先生って何なの？　とか思ってしまう。学校という型に彼をはめようとすれば、確実に彼のもっている良さは失われていくような気がする。

クラスみんなが彼みたいな子だったらちょっと大変かなあとか思いつつ、いなくなった彼を半分楽しんで探している私である。

（2000／9　147号）

教室に入れなくなったB君

Bは、教室に入れなくなった。教室に入れなくなって、保健室に通っている。

Bがどうして教室に入れなくなったか。いじめがあるわけでもないし、担任が厳しく接しているわけでもない。特に学級に何か問題があるようにも思えない。そこで、Bに何か問題があるのではないかと、先生たちはいろいろ考える。家庭でもいろいろ問題を抱えているらしいとか、何かの障害があるのではないか、とか・・・。そして、「専門家」にみてもらうことを勧め、「専門家」である心理の医者に行くことになる。そこでくだされた診断は、「ADHD」というもの。「やっぱり」という空気が先生たちの間に流れる。

そんなに簡単に診断がくだされてよいのか、もっと時間をかけて慎重に対応しなければいけないのではないか、と思う。短時間に子どものことを決めてしまう「専門家」のいい加減さ、でたらめさを感じてしまう。反面、慎重に調べれば障害名がわかるのか、という問題でもないのだが。障害名をつければ、保護者も先生たちも納得し、安心することを予測して、いい加減とわかっていながら、医者は診断したかもしれない。良いかどうかはともかく、親も先生も自分の責任でその子がそうなったのではないことがはっきりして、少しほっとするかもしれない。

これまで、教室に入れなくなった子、入ってもすぐに出ていってしまう子を何回か担任した。その子が教室に入れなくなったからと言って、担任である自分を責めたりはしなかったが、自分に何かまずいところはなかったか、その子とどう対応していったらよいかは、かなり深刻に考えた。

担任として、よくわからないその子の内面の「苦しみ」をどこまでいっしょに共有できるか、共有できないまでもその子の状況にどこまで近づけるか、が私の課題になった。うまくいくかどうかはわからないが、そのために何ができるか、いろいろ考えた。

あるときは、教室から出ていって池の前にいるその子のとなりにすわり、いっしょに池の亀をしばらくながめたりした。保健室にいる子には、「保健室にいてもいいけど、教室の前まできたくなったらおいで」なんて声をかけたりもした。実際に教室の前にその子が来たときは、ろうかに机といすを出して「そこから授業見ていていいよ」と言ったこともあった。ある子の場合、半年かかって教室に戻ってきた。

教室に戻ってこられるかどうかはともかく、子どもたちが必要としているのは、その子の気持ちになっていっしょにそばにいてくれる人なのではないだろうか。もしかして家庭でそういう関係が少なかったとき、学校の誰かがその子のそばにいてあげられたらと思う。こちらには気づきにくい友だち関係やその子自身の内面の問題でそうなったときも、それがいけないことではなく、それがその子が自分を表現した絶好の機会であるととらえて、その子とのかかわりをそこから問い直していくことが、障害名を知ることよりずっと大切なことのように思う。

（２００９／４　２４２号）

「心配したら限りなく心配」でも・・・

昨年1年間も、いろいろな人と出会い、話をしたり、聞いたりしてきた。深刻な話もたくさんあって、戸惑うことも多かった。でも、そうやって話してきた人たちが元気になっていくこともけっこうあって、何もできなかったけれど、結果としては良かったなと思うこともあった。

何がきっかけでその人が元気になったのか。自分の子どもの様子が変わってきたとか、周りの理解が増えたとかという状況の変化もあるかも知れない。でも、根底にはその人自身の問題のとらえ方、子どもの見方が変わってきたということがあるのではないかと思うことがある。

品川の定例会にも話に来ていただいたことのあるNさんは、最近のある集会で、子どもの成長の様子や周りの子どもたち、先生とのかかわりのことを話された。とても元気のでる話で、やっぱり障害があってもみんないっしょっていいなあと感じられる楽しい話であった。そのとき、どなたかが「いい話だったけど、うまくいかなかったことはありませんか?」という質問をした。そのときNさんは答えた。「心配したら限りなく心配なんです」。

Nさんは、決して平坦なところを歩んでこられたのではなく、本当に大変なところを通ってこられたんだな、そして今の元気があるんだな、ということを、あらためて感じさせられた言葉だった。「心配したら限りなく心配」な状況は、今もあるに違いない。そこを乗り越えてこられたところに今の元気なNさんがある。Nさんは、品川の定例会には何年か前から、ときどき参加されていた。その頃のNさんは、きっと必死になって、学校の厳しい状況とたたかい、「心配」が「心配」を生むようなところに置かれていたんだと思う。そこを乗り越えて今のNさんがある。

同じ品川の定例会に話に来られたことのあるKさんは、彼女がかかわるミニコミ誌の中で次のように書かれていた。

「そう、Yの『こだわり』の原因は、私自身の不安やイライラなんじゃないか。何度繰り返したら・・・。障害のあることが問題なのではなく、それを気にする私の心の中にある問題、そのことの方が大きいんですよね。反省。」

そしてもう一つ。インターネットで見つけた琉球新聞の記事。「スピード」の今井絵理子さんのことが書いてあった。今井さんのお子さんは聴覚障害。それを知ったときは大泣きしたという彼女だが、『「礼夢君の障害が分かって6カ月後。ギターを弾き「おうちへ帰ろう」という曲を歌った時のことだ。おもちゃで遊んでいた息子は手を止め、長い間じっとギターを見つめた後、はじける笑顔を見せた。「ママ、歌っていいんだね」。今井さんは歌う意欲がわいた。「音楽は耳で聞くのではなく、心で聞くものではないか。障害のある子どもたちに歌、音楽の素晴らしさを心で感じてほしい」。それは息子の笑顔に「すべてが救われた」瞬間だった。』（一部省略）

私の耳には「負けないで」というあの歌が聞こえてくる。今年も負けずにみんなでいっしょに歩みたい。

（２００９／１　２３０号）

遅いことはいけないことか

個人面談で「着替えが遅い」「帰りの支度が遅い」と担任から言われたという人がいた。この担任は何が言いたいのかと考えてしまう。

まあ、学校での様子を伝えてくれるのは悪いことではないが、だいたい子どものやることが遅いか速いかは、言われなくても家で見ていればわかることだ。遅いのが迷惑とか困るとかいうことなら、そう言われた親も困るだろう。することが速い子もいれば遅い子もいる。そういういろいろな子がいることが前提で、学校はあるのだから、そういう速い子や遅い子とどう対応したらよいかを考えるのが教員の仕事である。親に解決を求める話ではない。

私自身も教員なので大きい声では言えないが、どうも教員は自分の都合だけで子どもを見てしまう＝評価してしまう傾向があるように思う。授業中、子どもたちがうるさいと、うるさいのは子どもたちがいけないからだと思ってしまう。学校では騒ぐのはいけないこと、うるさいことはいけないことと、一般に思う人は多い。それは学校時代、ずっと先生たちにそう言われ続けてきたからだ。騒ぐことは悪いことだと。確かに、みんながうるさいと授業はやりにくいので、私も「静かにしなさい」と言うしそれでもおさまらないと怒ってしまったりする。でも、子どもたちがうるさいのは、本当は授業の進め方が悪いからで子どものせいではない。

落語でも演劇でも、お客が騒いだからといって、それをお客のせいにはしない。上手な落語家は、始める前にざわざわしているお客をいつのまにかしーんとさせてしまう。教員もプロだから本来そうでなければいけない。やることが遅いことにしてもそうだ。教員にとってはやりにくいだろうが、そういう子をどう受け入れるかが教員の仕事であるはずだ。

遅いことはいけないことではない。先生の都合からいえば、みんな同じペースでやってくれればそれは楽だが、遅いこと、ゆっくりということは、それはそれで大切なことだ。何でも速ければ良いというものではない。ゆっくり歩けば、急いでいては気がつかないところにも目が向き、思わぬ発見もできる。その子が遅いことで、ゆっくりペースの子とどういっしょに行動出来るかを他の子も無意識のうちに学んでいくことができる。「道徳」で優しさなんて教えなくても、子どもたちは、優しさを自ら実行してくれる。何でも「速く」が求められる世の中で、ゆっくりの子がいることで助かっている子も実はたくさんいる。

私もゆっくりの子がいたことで「待つ」ことの大切さを教えられた。ひとりひとりを大切にするということは、待つことから始まる。着替えが遅かったらその子が着替えるまで待てばいい。どうしても待てなかったら「ごめんね、先にやっているから、それがすんだら来てね」という言葉がかけられたら、それだけでも、ほっとする関係がそこに生まれると思う。

（2016／1　317号）

障害があってもやっぱり普通学級がいい

30年前に卒業した一人の男の子が、ひょっこり私の学校に訪ねてきた。男の子というにはちょっとあわない40才を過ぎた立派な男性である。懐かしく、1時間ほどの短い時間だったがいろいろ話した。

彼は、結婚して9年にして子どもができたという。それまで、仕事を一生懸命やってきて、ゆっくり考えることもなかったというが、いざ子どもができてこの子をどう育てようかと思ったとき、自分の生き方がこれでいいのかと考えてしまったという。

そんなとき、小学校時代の担任だった私のことを思い出して、インターネットに私の名前を入れ、検索してみたら、私のやっていることがそこに出ていたと言うのだ。

私は、別にホームページを開いているわけではないが、障害児を普通学校へ・全国連絡会にかかわっていたり、自分のしていることを書いたものが本に載っていて、たまたまその本がどこかのホームページに入っていたりして、私の名前で検索するとそれらが出てくるようだ。

彼いわく、「先生がぼくたちにやっていたことをずっと続けているのをインターネットで見て、すごいと思った。自分の生き方が分からなくなって、そんな先生に急に会いたくなった」。

私は、彼を小学校4年から6年まで3年間受け持った。そのクラスにはN君というひとりの障害児がいた。私が教員になって間もない頃、特殊学級から「交流」できたその子は、「ぼくはもう特殊学級に帰らない」と私のクラスにいついてしまったのだ。結局、卒業まで普通学級にい続けたその子とも3年間過ごすことになった。私に、障害があってもみんないっしょが大事だと気付かせてくれたのは、そのN君であった。私は、何もわからないままであったが、その子と、今から思えば楽しい？　3年間を送った。

「N君がいたことで、そういった子と出会えたことは、ぼくにとっても大きなことだったと思う。そういうことをやり続けている先生に比べて、今の自分がこれでいいのかと思ってしまう。」

訪ねてきた彼は、明るい笑顔で、しかし真剣に私に向かって自分の生き方がこれで良いのかを問いかける。

こういう生き方がいいなんて、とても私には言えない。

「今いるところで、自分にこれでいいのかと問いかけながら生きていく。その生き方が大事なのかも知れないよ」なんてわけの分からないことを言ったような気がする。それはともかく、N君のいたことが、こういうつながりを作って、それがずっと後まで続いていることがうれしかった。

普通学級がいいというのは、その子にとってだけでなく、そこにいる子どもたちにとっても大切な出会いをつくりだしていた。みんないっしょがいい、障害があっても、やっぱり普通学級がいいと思わされたひとときだった。

（2004／4　187号）

円の面積を計算したことがありますか？

近頃の子どもたちは、学力が落ちているとしきりに言われている。

最近行われた学力テストの結果でも、国語の読み取りができていないとか円の面積が計算できないとか、何か日本の教育は大変なことになっているかのような印象を与える報道があちこちでされていた。

確かに日本の教育は大変なことになっているとは思うが、学力テストの平均点が下がったとかで大騒ぎしているようでは、なおさら大変なことになるぞという気がしてならない。

そもそも学力とは何かという議論から始めたいところだが、それはおいておいても、たとえば円の面積が計算できないことで、それで何が問題なのかをよく考えてみる必要はある。

私は、小学校の教員で、一応子どもたちに教えるときに、「半径×半径×3・14」を使って計算する。しかし、そういう、教えるとかテストの問題を解くとかいうこと以外の自分の日常生活の中で、円の面積を計算した記憶はまるでない。知ってはいるし、教えてはいるが（一部のそういう計算が必要な職業や研究に携わる人をのぞけば）それが、テストの他で何の役に立つかさっぱりわからない。

私は、学校で視聴覚担当をしていて、テレビが映らないとか放送の音が出ないというときに、よくいろいろな先生から応援を頼まれる。電気屋さんではないので複雑な故障は直せないが、たいがいは線がつながっていなかったなど、小中学校で習った程度の知識で直せることが多い。だが、先生方はこれが意外と苦手である

結論から言えば、そんなことはできてもできなくてもいいわけで、できない人はできる人に聞けばいいだけの話である。それで十分に世の中は成り立つ。私も、苦手なパソコンについては周りの人に聞いて歩く。

円の面積ができないからといって、何を大騒ぎする必要があるのだろうか。たぶん、小中学校でそれができない人間はとんでもないみたいなこと言われ続けてきて、それが人にとって絶対的な価値であるようにみんなの無意識のうちに思い込まされているのではないか。

一種のマインドコントロールを学校はし続けている。円の面積だけではなく、今学校で教えているほとんどすべてについて、たいして必要でないことを「ついていけないと大変です」みたいな言い方でそれができない子どもの存在すら否定してしまおうとする。そして、できない子がたくさんいると、「大変キャンペーン」が貼られ、まじめな親は必要以上に自分の子の将来を不安にさせられる。

わからなかったら聞けばいいし、教えてもらえばいい。できることに価値があるわけではない。できなくたって生きていける、ということを学校でちゃんと教えたら救われる子どもはたくさんいると思う。

（２００３／６　１７８号）

「ムダ」が大事⁉

4月の定例会で、「この子を伸ばすよい方法が他にあるのではないか、と思っている教員が多い」という話が出された。どうも教員というのは、教育効果が見えないと気が済まないところがあるようで「この1年間は、この子にとって何もしないで過ごしたムダな1年間でした」などと言う人がいる。伸びなければいけない、進歩がなければいけない、というふうに考えるからこんな発想が生まれてくるように思えてならない。教員だけでなく、親も社会も子どもたちまでがその価値感にしばられてしまい、何か進歩がなければいけないような錯覚に陥り、上記のような教員の言葉に惑わされて、子どもの本当の姿を見つめる余裕を失っているような気がしてならない。

子どもはいろいろ問題をおこしたりしながら回り道をして育っていくもの。回り道の途中で、いろいろ見たり聞いたり考えたり、時には自己主張をしながら大きくなっていく。

そういうムダが大事。何もしていないように見えても、実は教員や周りの大人たちには気づかない、大切なものを学んでいるのではないだろうか。

（1995／7　91号）

第2章

就学するとき

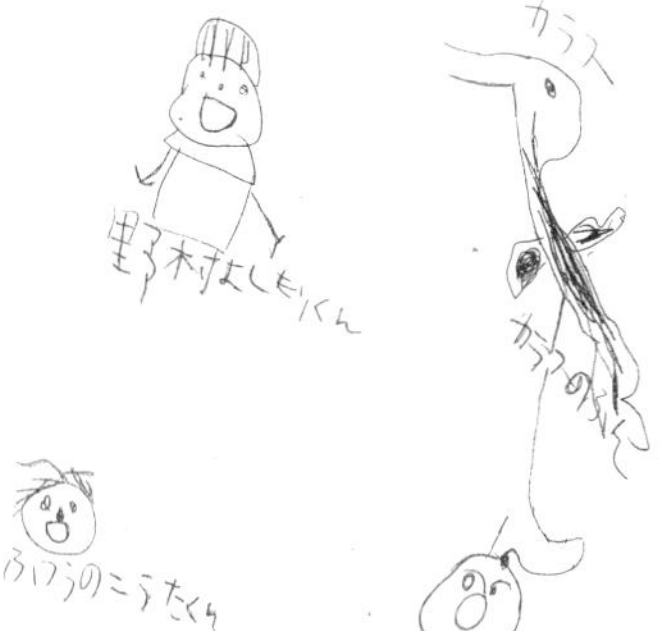

絵・成相優さん

「こんな子が普通学級に入ったってどうにもならない」

品川区の就学指導委員会では、「障害」児の親が普通学級を希望するとその「希望」を変えさせようと、その親を責め立てているようだ。障害者の権利条約ができ、「障害児が普通学級に入ることを原則に」という声が政府内であがっているというこの時代に、30年前と同じことを繰り返している。

就学相談が始まった段階では、相談にあたった区の職員や相談員（どこかの校長？）の対応はとてもていねいだったという。「普通学級を希望します」と言っても否定するわけでもなく、こちらの話を聞いていた。ところが「判断」がでて、その連絡をうけた親はびっくりした。「判断」が「普通学級」ではないことは、ある程度覚悟していていた。確かにそう言われた。そこまでは予定通りで、そう言われたら「それでも普通学級へ行きます」と言うつもりだったその母親だったが、その言い方が想定外だった。

昨年まで、判断結果を伝えるのは区教委の就学相談担当だったように思うが、その親には相談にあたった（元？）校長が電話をかけてきた。「判断」結果を言ったその校長は、その後書いたものを読んでいるかのように、相談時の子どもの観察結果、検査結果を伝えてきたという。

「友だち関係がもてない」「危険に対する認識がない」「あれができない」「これができない」と否定的な

ことをまくし立て、そして「こんな子が普通学級に入ったってどうにもならない」「みんなについていけない」「無理だ」「子どもがかわいそうだ」「子どもが不幸になる」・・・・。

わずか1回か2回の検査、観察で子どもの状態を決めつけるのもどうかと思うし、だからたくさん検査したから良い結果がでるというわけでもないだろうが、子どものマイナス面しか見られないその「検査」とは何なのだろう。その道の「専門家」と言われている人たちなら、まず子どもの良い面を見つけてそこをどう引き上げるかが仕事ではなかったのか。

「相談」というなら、本人・保護者の希望をどう生かすかがまず先決だろう。本人・保護者が普通学級を希望するなら、普通学級でどういう手立てをしていけばその子がより充実した楽しい学校生活ができるか、話し合っていくのが本来の相談の姿であるはずだ。

悪いのは子どもではない。その子に問題や心配があればそれをカバーしていくのは、周りの問題、学校の問題なのだ。それは、普通学級ならできなくて、特別支援学校や特別支援学級ならできるという、「場」の問題ではない。学校、先生方は、現実に様々な状況を抱えた子どもたちに対して、苦労しながらも対応している。「障害」児だけを例外にしてはいけない。

「希望」を変えさせようと、親への呼び出しは今も続いている。子どものことより「親が希望した」という形にして、自分たちの判断結果をいかに押しつけるかが、彼らのねらいであることが、はっきり見えてくる。

（２０１１／１　２６１号）

「特別支援学校しかありません」は差別発言

先日、久しぶりに品川区教委へ行ってきた。品川区役所第二庁舎では「人権ポスター展」をやっていた。区内小中学校児童、生徒の優れた（?）作品がたくさん展示されている。「差別はやめよう！」「人権を大切に」「やさしくしよう」・・・、いろいろな標語が上手な絵とともに並べられている。

この人権ポスター展が始まったのは20年ぐらい前だっただろうか。差別の本質と向かい合うことなく、形だけでこういう催しをすることは意味が無いと、区内で唯一、当時私のいた学校だけが反対して、指導主事が説得にきたことがあったのを思い出す。あれから20年、果たして品川区では人権意識が高まり、差別がなくなっただろうか。

部落問題などでは、区が部落解放同盟などと一緒になって取り組み、「人権尊重都市品川宣言」も出されて、差別を解消しようと努力してきていることは確かだし、それはとても大切なことだと思う。そういう意味で、品川区はよくやっている。品川区が障害児の介助員制度を他区に先駆けて作ったのも、「人権をうたう品川区が、障害児の親に付き添わせるのは障害による差別だ」という私たちのうったえを受け入れたのがきっかけだったし、その頃からの話し合いで約束してきたことは一応今も守る姿勢はもっている。

しかし、「差別をなくそう」と叫ぶことと、実際に差別しないということとは違う。差別とは何かをしっかり見極めないと、「差別はいけない」と声をかける側が、重大な差別をしてしまうことになる。

品川区の就学指導の窓口では、今年もつらい思いをさせられている人がでている。子どもの権利条約でも障害者の権利条約でも、障害児も普通学校の中で共に学ぶことは保証されているし、障害による差別は禁止されている。そんなことはわかっているはずなのに、分けて教育することがその子のためというひとつの考えで就学指導をしようとしたとき、普通学級を希望している親子に対して「検査の結果では特別支援学校しかありません」「先生に迷惑をかけますよ」という発言があったと聞く。この一言がどれほど親子の心を傷つけるか・・・。

他の子にはしないことを、障害を理由としてその子に対してするとき、それは「障害による差別」になる。多くの子どもたちは、何の問題もなく入学式をむかえようとしているときに、障害があるからと「その学校には行かれません」と言うのも差別である。また、どの子だって先生に迷惑をかけない子はいない。実際にどんな迷惑がかかるかもわからないのに、障害児だけに「先生に迷惑をかける」と言うとしたら、それもとんでもない差別発言である。

「差別はやめよう」ということを進めるはずの区の役人が、こうして現実には差別をしてしまうのだ。子どもたちにポスターをかいてもらい、差別に対する意識を高めようとするなら、まずは、自分たちのしていることを、もう一度しっかり見つめ直してほしいものだ。

（２０１５／１　３０６号）

『就学相談は継続している』？

「いらぬ親切、よけいなお世話」という言い方がある。障害児教育を熱心にやっている人をみると、たまに、必要以上に子どもに何かをやらせようとして、子どもが拒絶反応しているのに、これでもかこれでもかとやっていて、それってちょっと違うんじゃないかと思うことがある。

「かわいさあまってにくさ百倍」という言い方もある。親切＝善意が相手に伝わらないと、善意は悪意に変わる。自分はおまえにこんなに良いことをしてやっているのに、おまえはどうしてわからないのか、それはおまえが悪いのだ、と。

教育委員会の就学相談の窓口担当の人や学校の校長などで、そのパターンにはまっている人が多い。障害児は分けて教育しなければその子のためにならないと信じている人たちは、「親切」に養護や特殊を勧めたのに、それに従わないということで、その親や子は間違っていると思いこむ。そしてあたかも警察か何かのように「おれはまだおまえをゆるしていない、いつか捕まえてやる」とその親子につけまとう。

就学相談でいろいろあって、それでもなんとか普通学級に入学して、これでやれやれと思ったら、入学後、毎学期末、あるいは毎年度末、保護者が呼び出されるという話はしゅっちゅう聞く。そのことで保護者は言いしれぬ不安と苦痛を味わう。「おたくのお子さんは、やっぱり普通では無理です」「お子さんのためには、特殊や養護のほうがいいです」。言い方はいろいろあるが、結局は普通学級にいてはいけない、早い話が「ここから出ていけ」ということなのだから、言われる方はたまらない。それを毎学期、毎年続けられたら、いい加減いやになってしまう。「何でこんなにいつまでもつけまとわれるのかと思ったら、『就学相談は継続している』と言われてびっくりした」とある方は言っていた。

だいたい、「就学相談」というのはあくまで「相談」なのだから、相談したい人が希望してするもののはず。他人が勝手に「相談継続中」なんて決めることではない。こちらが「もう相談は終わりにします」と言えばすむ話なのに、「捕まえた犯人は逃がさないぞ」とばかりに、「相談継続中」とあたかも教委や学校が決めることのように一方的に言ってくる。そうしていいものだと思いこんでいる。

言うことを聞かなきゃ、どうなっても知らない。自白すれば悪いようにはしないけど、黙っていたらどうなるかわからないという、取り調べ的発想だ。

一見、善意でやっているように見える障害児教育や、就学指導であるが、実はそこにあるのは差別である。弱い立場の人間（障害児・者）は言うことを聞くべき存在で、お上の言うことを聞かないなんてことはあってはいけない、とんでもないことだ、という差別意識がそうさせている。そこに気がついてくれたら少しは保護者への接し方も変わるのだろうに・・・。

（２０１６／４　２０９号）

親の付き添い、親が「うん」というまでは・・・

この3月も就学や学校生活にかかわって様々なできごとがあった。

視覚障害のA君。就学通知は2月中旬に届いたものの（これだって法令違反）それ以後、区教委はいっこうに親と話し合いをしようとしない。親の付き添いを迫っている間は、「付き添いを認めなければ就学通知は出さないぞ」という感じで話し合いを何回もやろうとしてきたのに、である。

就学通知を出したんだから後はもういいだろうということなのだろうか。本当は、その後の話が大切なのだ。教科書はどうする、施設の改善はどうするといったことなど、これこそが教育的配慮というものなのに、付き添い問題が終わってしまったら後は知らないという。就学通知が遅れたことへの謝罪だってしてもらわなければならないのに、後は学校任せとは、無責任きわまりない。

それでもA君のご両親のがんばりはたいしたもので、めげずに学校相手に話し合いを進め、

・点字の教科書は公費でできるようにする。（その後、教科書については法的に保証された）

・事務補助という形で介助者を用意する。

というところまで、回答をえた。

これで、一応片が付いたかと思ったら、介助者がつくいというのにまたまた親に付き添いを要求してきた。

初めは「1年間ついてほしい」と言う。そんなことできないと言ったら、今度は、「1学期だけでもいい」と言う。それもだめだと言ったら、今度は「2週間でもいい」ときた。

親が付き添うことが子どもにとってどうかではなく、「親の言う通りにしたくないから、少しは譲れ」という全くメンツだけの要求である。

2週間でも引き受けるべきではないという考えるのが当然だが、最終的に向こうの顔も少しはたててやるかということで、2週間に限ってと念押しをして、話は終わった。

F市では、同じように親の付き添いを条件に親が「うん」というまではと、就学通知を出さずに何回も親を呼び出し、3月20日を過ぎてもまだ呼び出すので、何人かでいっしょに市教委に行き、「話し合いには出ない。4月6日には○○小学校へへ行きます」と親が宣言して、ようやく市は就学通知を出す約束をした。

E区では、障害者用のトイレがあるのに使わせない、介助者がいるのに介助者は子どもに触れてはいけない等々信じられないことが学校内にあって、何人かで区教委と話し合ったという。その結果区は謝罪したと言うのだが・・・・。

まだまだ信じられない話、おかしな話があるのだが、それにしてもいつまでこのような話が続くのか。乙武さんの本が500万部売れても関係はないのかな。ないだろな。

（2000／4　143号）

障害児を排除して「改革」とは?

入学式まであとひと月というのに、まだ就学通知の来ていない子がいる。小学校入学を前にして希望に胸ふくらますこの時期に、行くべき学校すらはっきりしないというのは、なんともやりきれない。

品川区は、私たちの会と十数年前に、就学にあたっては親子の希望は尊重すると約束してきた。就学通知も2月前には出すと言ってきた。さらに昨年4月には「全ての障害児に普通学級籍を保証」という合意もしている。にもかかわらず、その約束や合意が守られない。

品川区は、「学校選択の自由」を言っている。まして、学区域に住んでいるその子の入学を拒もうとする理由は何なのか。「障害」があるから? 医療的ケアが必要だから? 人工呼吸器をつけているから? ストレッチャーで階段を昇り降りするのが大変だから?

区の担当者は、保護者に「養護学校で教育を受けたほうがお子さんのため」と言ったとか。そういう理由で就学通知を遅らせるなら、ここ何年かをみても、ほかにもたくさんそういう子はいたはず。少なくとも私たちがつかんでいる範囲で、入学の時にこれほどしつこく地域の学校への入学希望を変更するように言われたのは、6年前の視覚障害のTさん入学以来である。(そこは、一応私たちとの約束が守られてきているということ?)。結局、今回の件やTさんについては、その学校に受け入れるだけの用意ができていない（設備、安全・・・）と区は考えているにすぎない。

最近は、どこの駅でもエレベーターがつき始めた。工事中のところもあちこちにある。公共施設の多くは、障害者も安心して入り、自由に移動できるように作られている。バリアフリーもずいぶん進んだものだと思う。その公共施設の中で一番遅れているのが学校である。施設面でも、精神的面でも、障害児・者に対するバリアは高い。

それにしても、全国に先駆けて「教育改革」を進めているという品川区が、人工呼吸器をつけている子をすら受け入れられないのでは「改革」の中味が疑われる。（確かに疑わしい改革ではあるのだが。）特別支援教育にしても、支援の必要な子のニーズにこたえて進めていくものではなかったのだろうか。だったら、まず、目の前にいるその子のニーズにどうこたえるのか、具体的に示してほしいものだ。それをしない特別支援教育もまた疑わしい。

一番弱い立場の人たち、一番問題をかかえている人たちがまず大切にされてこそ「改革」や「支援」があるのだと思う。

今、品川区がやっていることは、そういう子どもや保護者を苦しめる。まさに、逆のことである。

（2004／3　186号）

「トイレはどうするんですか?」は誰が言う!

2月の今頃になると「就学通知がまだ来ていないのですが」という相談が毎年のようにある。今年は、特にそういった相談が多く、学校や教育委員会の対応は例年に増して質の悪いものとなっている気がする。

そもそも就学通知は1月いっぱいに出さなければならないことは、学校教育法施行令で定められている。障害児については1月を過ぎてもよいような書き方がされているが、これは就学相談などの結論が出ない場合などのことを配慮して入れられたもので、障害児は出さなくてよいということではない。基本的に1月中にどの子も出すべきであり、「障害」を理由に遅らせているとしたら、これは子どもの権利条約2条の「障害による差別の禁止」違反である。子どもの権利条約は、国会で批准された「条約」で、学校教育法よりも上位にある。役所が「1月を過ぎてもいいんだ」などと言ったら明らかな条約違反の差別発言である。どうしても出せないというなら「本来出すべきなのにやむをえず出せません。申し訳ありません」ぐらい言ってほしい。

ところが、「就学時健康診断を受けなければ就学通知は出しません」とか「親が付き添わなければ出せません」とか、いまだに就学通知を脅しの材料に使っている教委がある。教委は子どもを学校へ入れさせるのが仕事なのに、これでは「学校に入れさせないぞ」と言っているのと同じだ。ひどい話だ。逆に「出さなくていいんですか?」と聞いたらあわてるに違いない。

東京のある区では、就学時健康診断の通知といっしょに就学通知をだしている。で、就学通知をもらったからと安心していたら、後からその子が障害児とわかって「就学通知は撤回することもある」と言われた保護者がいた。この方の場合、普通学校を希望すると言ったら「トイレはどうするんですか!」と学務課の担当が怒ったという。

ちょっとまてよ。学校は公共施設ではなかったのか。公共施設で障害者がトイレに入れないとしたら、これは役所の責任ではないか。なんで親が怒られなければならないのか。親（子）の側が言うことではないか。

駅でも公園でも区民集会所でも役所でも、障害者用のトイレがあり、点字ブロックがあり、それでも足りなければ周りの人や職員が手伝う。これが、バリアフリーなり、ノーマライゼーションなりの理念ではなかったのか。

どこかの校長は、「お子さんの安全は保証できません」と怒ったというが、役所も学校も障害児・者に対する差別意識を丸出しにして平気でいる。学力低下で心配しているどこかの大臣に言いたい。学力以前にもっと大事なことを教育しなければいけないんじゃないですか?

まずは、役人や校長から。

（2002／2　163号）

「安全を保証できない」は脅しです

心痛む相談の電話が続いている。

ある小学校で、一人の子が3年生から4年生の進級にあたって養護学校転校を勧められたという。その自治体では、「4年生から介助員がつかなくなるので安全が保証できない」と校長が言ったという。「偶然事故がおきて、おたくのお子さんがけがをしたら、けがをさせた子も心の傷が残る」とまで言ったそうだ。この学校では、けがをする子はひとりもいないらしい。あるいは、けがをしそうな子や、させそうな子は、みんな養護学校へ転校させたか、学校へ来させないようにしているのかもしれない。そう言いたくなるぐらい無責任で、ひどい言い方だ。

かつて、車いすの人や、目の見えない人が町を歩いていると「危ない」と怒っている人がいた。そこには障害者が町へ出たら危ない（安全が保証できない）、つまり「障害者は町へ出るな」という考え方である。誰が来ても良い場所、公共の場に、特定の人に向かって「来てはいけない」「いてはいけない」と言うのは「差別」である。その指摘もあって、最近では、問題が残されているとはいえ、駅にしても、道にしても、公園にしても、そして建物にしても、障害のある人でも安心してそこへ行けるように工夫されるようになった。

学校だって、同じはずだ。むしろ、子どもが生活していることを考えれば、それ以上に配慮されなければならない。校長は「危ないからあっちへ行け」ではなく、その子がそこで安心して学校生活がおくれるよう、様々な工夫や努力をしなければならないだろう。

実はこの校長もそのぐらいのことはわかっていた。わかっていてなぜそう言ったのか。ここにもうひとつのもっと大きな差別があるような気がする。

町で障害者を見かけて「危ない」と言うのは、本当に危ないと思っている分「善意」の面もある。しかしこの校長は、意図的に「安全」をもちだして養護学校への転校を迫った。何が理由か不明だが、よほどこの学校にいてほしくなかったのだろう。「安全が保証できない」は親や子への脅しだ。例えが乱暴かもしれないが、刃物をちらつかせて出ていけと言っているのと何ら変わらない。

母親はそれでもがんばって、学校の対応のおかしさ、差別性を指摘し、「他の子と同じだけ、安全を保証してくれればいいです。この学校に卒業までいます」と校長に手紙を送った。母親からの手紙の返事に、「全てを否定されるようなことを書かれて残念」と開き直った校長ではあったが、ひとこと「就学については最終的には保護者の意志」とも書いていた。脅しが通じないことや自分の言い方のまずさに気がついたのだろう。

相手が弱い立場にあると思うと、平気で脅し文句が言える。学校は、少しも変わっていない。

（２００５／４　１９８号）

「その子のために」はだれのため？

「もし、何らかの助けが必要なら特別支援学校に行くべきだ。しかし、あなたは何も環境が整っていないことがわかっていながら通常学級を選んだ。保護者が付き添うのが当然だ。」

車いすで知的障害のある女の子に対して、東村山市教委はそう言って開き直った。「普通学級に来たあんたが悪い」と。

私は、だれもが地元の学校に当たり前に通えるようになったらいいと思っている。でも、だからといって今の日本の教育の様々な状況を考えれば、特殊学級や養護学校が存在していることを否定できないし、そこを選ぶ子どもたちがいることも残念だけどしかたがないと思っている。

一方、障害児の教育は特殊学級や養護学校でないとできないと考えている人たちもけっこう多い。「その子のために」は特別な教育が必要なのだから、普通学級ではなく分けたところで教育するべきだ〃と言う。この考え方も私は違うと思っているが、そういう考え方があるということ自体は否定しない。人がどう考え、どう行動するかは、基本的には自由である。

しかし、「その子のためにとわざわざ分けたところを用意しているのにそこに行かないとは何事だ！」

と教委や学校が、「その子のために」必要な支援をしないというのはゆるせない。これは「人権無視」以外のなにものでもない。

どんな場にあろうと、「その子のために」と思ったら、たとえ予算が少なくても、先生たちが忙しくても、いくらでもできることはある。自分たちの考えと違うから、「障害」児を支援しようとしないというのは、差別である。いじめはいけない、差別をしてはいけないと教えるべき教委、学校が、自ら差別をしているという悲しい現実がここにはある。

ふと思った。彼らもまた、分離教育の犠牲者なのかも知れないと。共に学んだり生活したりした経験がないから、自分たちの生活の中に「障害」児の存在がない。共にどう生きようかという発想もできない。昔、福祉の仕事をしていた人の話を聞いていたとき、その人が「私が子どものとき、同じクラスに障害をもった子がいて、その子との出会いがあって、今の仕事を考えるようになった。」と言っていた。

考えてみれば、宮城県の統合教育を提唱した当時の浅野知事も、就学指導委員会の廃止を決めた埼玉県東松山市の坂本市長も、福祉関係の人だった。共に生きる社会がなかなか前に進まないのは教育の問題だ、小さいときに子どもたちを分けていて「共に」が広がるわけがない、と。教育とは直接関係のない人たちの方がしっかり問題の本質をとらえている。

目を覚ませ、教育関係者。「その子のために」は教委や学校の方針や立場、メンツのためではない。今、何がほんとうに必要かを見極めなければ、いつまでも同じことが繰り返される。

（２０１０／９　２５７号）

「支援」しない方法を話し合う「就学支援委員会」!?

十何年ぶりかで、就学支援委員会（就学指導委員会の新たな言い方）に代理で出席した。

かつて私は、自分が就学指導委員会のメンバーになって就学問題のおかしさを改善しようと考えていた。だから、30年ぐらい前はけっこうがんばった。

当時、普通学級を希望している子の「判定」が「特殊」とされそうになったとき、私は発言した。「保護者の希望を尊重すべきではないですか」。座長（どこかの校長）は、私の発言などなかったかのように言った。「特殊ということでよろしいですか」。私は、「保護者の希望を尊重すべきです」。また彼は言う。「特殊でいいですか」。私は言う。「納得いきません」。「特殊ということで・・・」。「納得、いきません」。しばらく同じことをくりかえし、最後はその場の冷めた雰囲気の中で私は何も言えず、「特殊」が決まった。

あれから30年。就学指導委員会の雰囲気は何も変わっていなかった。

私がかかわったその子は、知的な障害はないが、医療的ケアの必要な子であった。

初めに報告したのは、区の心理相談員。何とかの数値がどうとかで、「視覚認識が弱い」とか、難しいことを言って、なんだかその子がいろいろな「障害」をもっているかのように聞こえてくる。「いやあ、医療的ケアが必要というわりには、そんなに心配なこともなかったし、休み時間も外で元気でやってて、普通の学級で問題ないと思いますが」。と、教育委員会の指導主事。「ここで普通という判定はださないほうがいい。区では介助員は付けない方針だ。親は付き添っても良いと言っているが、付き添いはしないと言い出さないとも限らないから、そうなると困る。」

この委員会は、就学「支援」委員会ではなかったのかと思ってしまう。「障害」のある子の「支援」の方法を話し合う委員会のはずなのに、「支援」しない方法を話し合っている。「支援」がいかにまやかしであるかがわかる。

やがて話は、医療的ケアが必要な子だから、養護学校が適当ではないかという方向になってくる。養護学校の先生が発言する。「うちの学校は肢体不自由養護学校で建前では、知的障害がなくても入れることになっているんですが、実際にそういう子はいません。だからその子が来ても友だち関係が・・・」。正直な発言である。すると、「でも、建前がそうなっているんだったら、養護学校にすべきでしょう」。そこへ別の人が言う。「知的障害がないのに建前で養護学校に入れることがよいことかどうか」。なかなか良い発言に聞こえるが、じゃあ、その子に知的障害があったらどうなのかと考えると、分けることを前提にした話であることに変わりはない。決して希望にそってどういう支援をしたら良いかという話にはなっていない。

就学支援委員会は、支援をしない委員会になっている。そしてその結果を押し付ける。希望と違う判定が出たときに、「それには従わない」と親子ががんばるしかないと、あらためて思った。

（２００８／２　２２９号）

就学指導ハラスメント？

まもなく3月になろうとしているのに、いまだに小学校入学を前にして就学通知の来ない子どもがいる。品川区の話ではないが、相談をうけている私も、電話やメールがあるたびにはらはらどきどきして様子を見守っている。

普通なら、今頃はランドセルや学用品も用意して入学を心待ちにしながら「♪1年生になったら～♪」なんて歌っている頃なのにそれもできず、今度教委に行ったらなんて言ったらいいのかなどと胸を痛めている親や子どもの気持ちを考えると、こちらもたまらない。

たまたま就学相談を受けて、相談だと思ったら「特別支援学校適」などという「判定」を出されて、「でも、普通学級に行きたい」と言ったら「行けるわけがない」などと言われて、そう言った親があたかも悪者のように、怒られたり怒鳴られたり、そこまではないにしても何度も教委に呼び出され、「わかりました」と言うまで説得される。「でも、普通学級に行きたい」と言い続けると、今度はその学校の校長に会ってこいとか、執拗に翻意をせまり、法的期限が過ぎても就学通知は出されない。

子どもの権利条約、障害者の権利条約、障害者基本法・・・、今はどこを見ても保護者・本人の希望は尊重され、入学後の教育や生活の保障は「障害」のあるなしにかかわらず行政、学校の責任ということがはっきり書かれているにもかかわらず、なぜこういうことが起きるのか。

これは、「障害」者、「弱者」に対するハラスメント以外の何ものでもない。

小学校の入学説明会には、出席してもいいのか、帰れと言われないのか、はらはらしながら、それでも子どものためにと親は肩身の狭い思いで出かける。給食費の口座を届けに行ったら、あなたのお子さんは就学予定者名簿に入っていないと返される。「障害」児であるがゆえに、普通学級を希望したがゆえに、どこまでつらい毎日をすごさなければならないのか、と思う。

困るのは役人や学校がそれを「お子さんのために」という「善意」？　でやっていることだ。そこには、親や子を差別しているという意識は全くない。親がどれほど苦しんでいるかなんて、想像もしていない。

差別は想像力の欠如からおきる。もし、本当に親子が苦しんでいることがわかったらもうちょっと考えるかもしれない。でも、そんなことを考えるどころか、頭にあるのは、権力の決めたことには下々の者は従うべきだということ。それを従わせるのが自分たちの仕事であり、それをしないと自分たちの立場がなくなるという、自己保身だ。そう、子どものことなんか、実は何も考えてはいない。

こうして、毎年、何人もの親子が泣かされる。

（２０１５／３　３０８号）

親の意見を最優先するアメリカの教育

夏休みを利用して、十日間ほどアメリカのモンタナ州の教育関係者と交流をしてきた。ネイティブアメリカンの人たちや、教職員組合の代表者、小中学校の先生などとも話して来たが、中でも障害児教育担当の方との話は印象深かった。

アメリカでは、1975年に「全障害児教育法」という法律ができて、「障害児と普通児は最大限、可能な限り一緒に教育する」ことが決められている。なので、日本のような就学時健康診断とか就学相談とかはなく、父母が希望すれば文句なく地域の学校に入れる。

一方、障害児が入学してきた場合、その子にどう教育を保証するかを障害児教育の担当者を含めてチームをつくり、その子に必要なプログラムをつくるという。そのプログラム（個別教育プログラム）は、父母にも提示され、父母がノーと言えば強制はされず、内容は話し合いで決められていく。

アメリカでやっていることが必ずしも良いとは言えないなあと思いつつ、分けることが前提の日本と、まず一緒というアメリカ、権力的に強制する日本と、まず親の意見を優先するアメリカ、このへんの違いから学ぶべきことがたくさんあるように思った。

（1994／8　81号）

第3章

行事の中で

絵・高岡瑞穂さん

卒業式は誰のため?

卒業式を前に、ある先生が「ひとりの子どものことが心配」と話していた。

その子は、授業中でもよく声を出す。何かを言いたくて声を出すときもあるし、何かを感じたときに、「あー」とか「いー」とか、声を出すときもある。けっこう大きい声なので気になるときもあるが、だからといって特別授業のじゃまになるわけでもない。周りの子もその子が声を出したからと言ってそれまでと変わりなく授業を受けている。初めの頃こそ、何だろうと思うことはあったが、そういうものだと受け止めればどうということでもない。慣れてしまえばその子の声も含めてそれが日常なのだと思う。

その先生も、授業中その子が大きな声を出したときには、それなりに注意をしたりはするが、他の子だってけっこうおしゃべりしたり、気が散ったりしていればやはり注意はするわけで、そういう日常の風景の中で、特別な何かがおきたということでもなく、授業が行われている。

しかし、卒業式となるとそうも言っていられないのだろう。卒業式の最中にその子が声を出したらどうしよう、と心配になる。どうしたらその子が静かに最後までいてくれるか、何か良い方法はないかと、あれこれ思案している。長い時間の式なので、緊張がどこまで続くかもわからない。疲れて、いやになって、声を出したり怒り出したり泣き出したりしたら・・・。

私は、その先生に話した。

「少しぐらい声がでたりしてもいいんじゃないの。あまり落ち着かなくなったら、少し会場から出て気持ちを落ち着けてから戻ってくるとかしてもよいと思うけど、その子なりの参加のしかたでいいと思うけど・・・」

ふだんの授業中でも、子どもたちが先生の話を聞くときは静かに前を向いて聞くということが一般的ではあるけれど、それが絶対正しいわけではない。多くは先生の都合で＝静かに話を聞いてくれたら楽だし、反対にうるさかったら話がしにくいという＝そういう価値観がつくられてしまっている。

本来、人の話を聞くというのは、お互いの関係の中で成り立つことで、相手が一方的にこちらが聞きたくもない話をくどくどしていたら、おしゃべりをしたり横を向いたりしたくなるのは自然である。

卒業式にしても、それは同じではないだろうか。「式」である以上、静かにきちんとしていなければいけない、というのはどこから始まったのだろう。いろいろな子たちがいて、中には声を出す子もいて、少々にぎやかな卒業式というのもあってよいのではないか。

静かで厳粛な、という価値観をおしつけて、主体である子どもの気持ちや特質を排除して成り立つ式というのは、いったい誰のためのものかと思ってしまう。卒業式もまた、多様な価値観の中で、誰もが安心して参加できるものでありたいと思う。

（２０１３／３　２８５号）

プールに入れさせない理由は何？

N市の親から相談の電話があった。「Aさんは、衛生上問題があるから今年はプールには入れません。」と校長が言っているという。今、小学2年生の彼女。ふだんおむつをしていることから、プールの中でおしっこをしたりうんちをしたりしたら「衛生上問題がある」ということらしい。1年生のときは入っていたのに、と親は言う。それがなぜ2年生になって「ダメ」と言われるのかわからないというのが親の率直な感じ方だ。

6月のある日、学校側から話し合いに来てほしいという話があった。親からの依頼で私もその話し合いに同席することになった。


学校‥ふだん、おむつをしているのだから、いつおしっこをするかわからない。

私　‥おしっこは汗と同じで衛生上問題はないはず。

学校‥うんちをしたら他の子も入れられない。プールの水も全部取り替えなければならない。

親　‥うんちやおしっこは、事前にさせる。それでも心配なら、もれないようなウエアを着せる。

学校‥とにかく、用便の自立ができていない子はプールには入れさせられない。

私　‥衛生上問題なければよいではないか。

学校‥他の親がなんと言ってくるか。私（校長）はそれに対応できない。放射能のことだって、あれだけ親たちが心配しているんだ。

親　‥うちの子と放射能をいっしょにするんですか！（怒）

話し合いは３時間以上続いた。結局、衛生上の問題ではなく、最初から入れさせないことを前提とした一方的な話し合いだった。

親はその後、都の福祉局に、プールで子どもが大便をしてしまった場合について問い合わせた。「塩素が消毒するので問題ない。プールの水を取り替える必要すらない」がその回答だった。更に文部科学省の「学校衛生基準」を調べたところ、残留塩素濃度が０・25ｍｇで大腸菌は死滅する、学校は０・４ｍｇ以上が求められているので大便は問題ないとはっきり書かれていた。

そのデータをもとに、親が校長に再度プールに入れさせない理由を問いただした。さすがに校長は返事ができなかったという。しかし、それでも入って良いとは言わなかった。「衛生上」の問題ではなく、ただ入れさせたくないのだ。

これは明らかに「おむつ」をしている子（「障害」児）への差別だ。

去年は認めていた校長が「だめ」と言い出したのは、どうも周りからの意見のようだ。校長は子どものことよりその周りの声を大事にしたのかも知れない。この学校の一番の教育の目標が「人権を大切にする」とあった。これで、子どもたちにどう「人権」とか「差別」とかを教えるのだろうか。


（２０１１／７　２６７号）

涙のディズニーランド

私のところには、毎月たくさんのミニコミ誌（その地域などの会報）が届けられる。どれも貴重な内容で、できるだけ目を通すようにしている。読むのはおもに電車の中。それが、感動的な話にたくさん出会い、おかしくて笑い出してしまったり、涙が出てきたり・・・。

つい最近も、ある集会に向かう電車の中で、読んでいるうちに涙が止まらなくなってどうしようもない、そんな話に出会った。その話の一部を以下に紹介したい。

今、朋恵さんの部屋に朋恵さんのアルバム12、3冊、実家から運びました。実家の模様替えというか、保存場所がなくなったので、朋恵さんの部屋に置いたものなのですが、なにげなくそのうちの1冊を手にしました。朋恵、小学2年生、美津絵4年生の時、家族4人でディズニーランドに出かけたときの写真でした。楽しいはずの写真・・・でも朋恵も姉の美津絵も何かぎこちなく、笑顔がありません。

朋恵さん、1年生の遠足に、親の介助無しでは連れていかない（朋恵さんについている介助者は休ませ）、とする学校側と話し合いを重ねましたが、結局朋恵はバスに乗ることを拒否されて、一人学校に残されました。

4年生だった美津絵さんの教室に行き、朋恵一人を置いていかれたことに抗議し、「美津絵も『同盟休校』させます」と家族4人で悔しいけれど、家族で楽しもう！　とディズニーランドに行った時の写真でした。

「朋恵一人置いていかれた」、「分けられたおもい」が一気によみがえり、悲しみがこみ上げてきました。どんなにお金をかけようが、別の楽しみを用意しようが、「分けられた」悔しさはカバーできずに・・・ぎこちなさで写真に残っていました。

今から24年も前のことです。今、普通学級にいる障害を持っている子どもたちに対してこんなことは無くなってきてはいるでしょうが、その時の悔しさ、辛さが瞬時によみがえってきました。本当に悔しかった、辛かった。

この辛さを他の誰にも味あわせたくはありません。「分けない」「分けられない」「どの子も地域の学級でともに学び、ともに生きる」このスローガンが基本だと思っています。

（２００８／３　２３０号）

この文章は、「共に結通信」に江戸川の矢作美恵子さんが書かれたもの。上の文では「今、普通学級にいる障害を持っている子どもたちに対してこんなことは無くなってきてはいるでしょうが、・・・」とあるが、ここ数年だけでも、似たような話は続いている。

普通なら楽しいはずのディズニーランドが・・・と思うと、これを書きながらもまた涙が・・・。これって年のせいなのかな。

「安全」に名を借りた差別

二、三の方から、登下校のときの保護者の付き添いについての相談があった。子どもは親に付いてきてほしくないと言う。親としても、もう付き添わなくても大丈夫と感じている。親は、子どもの自立のためにも、親がつかないほうがよいと思い、校長に付き添いをやめたいと伝えるのだが、校長は「ダメ」だと言う。子どもの安全が心配だというのが大きな理由だ。

しかし、どう考えても校長が本気で子どもの安全を心配しているとは思えない。もし、本当に親のいないところでの登下校が危険なら、校長が言う前に親が心配でたまらないはずだ。

プールにしても宿泊行事にしても、子どもを参加させない、あるいは親を付き添わせたいというときに必ず出る言葉がこの「安全」の二文字だ。そこにあるのは「安全」に名を借りた「差別」である。

他の子には「親に付け」とは言わないで、「障害」のある子だけにそれを要求するのは子どもの権利条約にある「障害による差別」になる。この2月に批准された障害者権利条約の考えから言えば、「合理的配慮」がなされなければならない。通学がそんなにその子にとって危険なら、その子が安全に通学できるように、「親に付け」という前に、具体的な危険を明らかにし、危険のないように何らかの措置を行政としてとらなければならない。

今の時代は、普通の子にとっても登下校は決して安全とは言えない。いつ車が突っ込んでくるかわからない。誰かが子どもを連れていってしまうかも知れない。「安全」という意味ではどの子だって「安全」ではないのだ。子どもだけではなく、誰でもそういう危険の中で生きている。しかし、だからといって家から出ないというわけにもいかないし、ある程度のリスクは覚悟のうえで生活している。それは「障害」児だって同じなのだ。

それを「障害」児だけ特別に「親に付け」というのは、前にもここで書いたような気がするが、「障害のある子は親がその負担を負うべきだ」「障害児の親は付き添うべきだ」というあやまった「障害」児・者観からくる。それは「おまえたち障害者は、勝手に一人で世の中に出てはいけない」という人の心にしみついた差別意識による。

当の校長たちも、まさか自分がそんな差別心をもっているとは気がついていないかも知れない。自分でもよくわからなくて、しかし、「障害」児を一人で登下校させたら自分の「権威」が地に落ちると思い、かといってそれを認めない論理ももてずに「安全」を「最後の砦」みたいにもちだし、「安全」を無理に理由付けして親に言うのだ。

上や周りの目ばかり気にしていて、自分の考えをもてず、発言もできない校長たちがいかに多いことか。心配ならあなたがまず行動しなさい。「共に生きる」ことがどういうことかをもう一度考え直してもらいたいものだ。

（２０１４／１１　３０４号）

歌いたくないときは、歌わないで静かにいたい

私は、歌が大好きだ。気が向けばいつでもどこでも歌ってしまう。しかし、そういう私でも歌う気分になれないこともある。それが気にいらない歌とかでなくても、その場の雰囲気になじめないときなどは歌う気にならない。歌は楽しく歌いたい。心からわきでる気持ちを歌いたい。だから、そんな気持ちにならないときは、自分では歌わない。歌は自分の心を表すものだから、歌いたくないのに無理して歌ったりはしたくない。

小学1年生を受け持ったときのこと。入学式がすんで、教室に入り、子どもたちに自分の紹介をしたり、学校の話をしたりして、さあこれから校庭へ出て記念写真、というときに廊下からサイン。「もう少し引き延ばせ・・・」。どうやら写真屋さんがきていないらしい。しかたなく、手遊びやらじゃんけんゲームやらやれることはなんでもやって、時間を引き延ばすのに必死になっていて、ふと見ると、2人の男の子が、何もしていないのに気がついた。入学したばかりで、新しい担任が「さあ、やってごら〜ん」なんて言っているのにそれを無視しているこの子たちはいったい何者かと、気になった。もし自分の意志で担任の指示に従わないとしたら、これはすごいことだ。

結局この子たちとは2年間つきあって、入学式の日のあれは単にぼーっとしていただけだったんだ、と思えてきたのだが・・・。

やりたくない子、やる気のない子に対して、やる気をおこさせるような取り組みはすごく大事だと思ってずっとやってきた。一方、「やりたくない」子の存在を認めていくことにも心を注いできた。「やりたくない」「できない」という子の存在をいかに受け止めていくかが、今の学校教育に問われているのではないだろうか。脅かしたり強制したりして無理をしてやらせることではなく、そういう子もいていいんだ、ひとりひとりがそういうことで違ってもいいんだ、とお互いに感じ合えることが、実は、お互いを大切にできる子どもに育っていくように思う。

卒業式で、口元をチエックして歌っているかどうか確かめろとか、歌いたくないやつは公務員をやめろとか・・・、教育だけではなく、政治の世界でそういう強制がまかり通るようになったらいやだなと思う。本当にそれをしてほしいなら、どうしてそれが大切かを説明しなければいけないだろうし、どうしてやらないのかを相手にもしっかり聞いて、意見の違いはあってもその違いを認め合う、お互いを尊重し合うことが、教育の世界でも、政治の世界でも大事だと思う。それをしないで自分と考えの違う人間を権力の力でおさえつけることはあってはならない。

今、世の中かがだんだんそうなりつつあるような気がしてこわい。歌いたくないときは、歌わないで静かにいたい。そういう人の気持ちが大切にされる世の中でありたい。

（２０１２／５　２７０号）

車いす登山ボランティア、それは良いことと思うが・・・

ふと見かけたあるミニコミ紙に教員の登山グループが、車いすの人たちをささそってのボランティア登山をしている、という話が載っていた。車いすの人たちも大変喜んでいるという。

この教員たちのしていることは良いことだと思う。まちがっているという人はいないだろう。でも、何か心にひっかかる。この教員たちは、ふだん、自分の学校に助けのいる子どもがいたら、遠足などでいっしょに山登りをしているのだろうか。

プール、遠足、林間学校、と親の付き添いを要求する学校は後を絶たない。本当に必要なことは特別何かをすることではなくて、日常的に共に行動することではないだろうか。登山の話で、車いすの方々が喜んでいるということは、ふだんできていないという現実があるということ。日常的にするということは、大変なこと。私も、かつて筋ジストロフィーの子をおぶって遠足（山登り）に行ったことがあった。何人かのおとなで交代しながらの登山で、けっこうつらいものがあった。共に生きるということは、この重さを背負うことかなと思いながら、一歩一歩歩いた。特別にボランティアでするのではなくて、当たり前にいつでも遠足や林間学校に誰もが参加できるそんな学校であり、社会でありたい。たまに良いことをしたことで、終わってはいけないと思う。

（1995／10　94号）

第4章

いじめを考える

絵・松本稀生《きい》さん

「いじめ」がおきるわけ

いじめによる自殺事件で、学校や教委の対応の悪さが指摘されている。同じ教員の立場でみていて、いったい学校は何をやっているのかとついつい思ってしまう。かく言う私も、自分の受け持っていたクラスのいじめ問題が解決できなかったこともあって、人ごとではないのだが・・・。

いじめはいけませんと口では言えるし、いじめて良いなどとは当然思わないのだが、人の心のどこかにいじめ心があって、何の罪意識ももたないまま、いじめていることがよくある。自分のいらだちを他人にぶつけたり、集団の中で自分が浮くのをおそれて、ついついいじめに加担してしまったりすることがある。集団からはずれがちな行動をとる人に対して、いやな人だと思うことはよくあって、その人が来たら急に口をきかなくなるとか、その人をいづらくさせるとか、いやみを言うとか・・・、そういうときに「ちょっと、やめなよ」と言うのは勇気のいることだ。こうしていじめは始まる。

いじめはひとつの人間関係だという考え方もある。けんかしたり、いじめたり、いじめられたりしながら、人は成長していく。

それにしても、自殺にまでその人を追い込んでしまういじめとは何なのか。人間関係のひとつと黙って見ていることはできない。やって良いことと悪いことがある。なんとしてもやめさせなければいけないこともある。

もう一方で思う。これほどまでにいじめをしてしまうこの子どもたちにいったい何がおきているのかと。これは、子どもたちだけの責任ではない。

いじめ問題で、学校に任せておけないと警察まで動いたという話を聞いて驚いた。かつて学校内で暴力事件がおきたとき、警察がやってきたら教員たちは体をはって警察の介入を防いだという話はよく聞いた。それだけ教員は子どもたちの教育に責任を感じていたし、問題を起こした子と向き合って、解決をはかろうとした。

悪いのは子どもたちではない。人として大切なものが伝えられない、むしろ人間性を奪っていく今の教育のあり方。学力ばかりが重視され、競争を強いられる中で、人の心や命よりも順位や点数が大切にされる。子どもの心の問題より、学力テストの平均点があがったの、さがったのということで追い込まれる教員たち、子どものことより、研究会の冊子の体裁の方に目を向けざるをえない、こういう状況こそ問題にされなければいけない。

休み時間を多くしたらいじめが減ったという報告が教育研究集会で報告されたことがあった。子どもも教員も、ゆったりとお互いを見つめ合い、それこそけんかしたり、笑ったり、多少の授業の遅れなど気にしないでとことん話し合ったりできる、そんな学校で、自殺にまでおいこまれるようないじめがでるだろうか。

（２０１２／９　２７９号）

「登校停止」でいじめはなくなるか（1）

〜「いじめ」ふたたび〜

とうとう品川区でもいじめによる自殺事件がおきた。というか、マスコミでとりあげられた。これまでも区内で「事件」はあったらしいが、保護者の思いや学校（教委？）の「配慮」？（もみ消し？）で公にはされてはいない。

学校選択制を目玉に品川区の教育改革（プラン21）の案が出されたときから、いつかこういうことはおきると私は言い続けてきた。まだ私が品川の教員であった頃には、教職員組合の立場で、学校選択制からなる教育改革は、現場を混乱させ、結果として子どもたちにしわ寄せがいくと、教育委員会（事務局）にも話にいったし、教育委員にもうったえた。私たちの主張を理解してくれた教育委員もいたが、教育長たちの勢いに押されて、プラン21は始まった。

学校選択制で教育長が何をねらったかといえば、学校間競争をさせることだった。競争をあおることで、学校を管理する。

管理するには競争させることが一番てっとり早い。子どもを集中させたいときに「誰が一番早く良い姿勢ができるかな？」と言えば、さっと子どもは静かになる。そのぐらいなら許せるかもしれないが、教育の根本にこの競争原理をもちこめば、それは、教育の崩壊につながる。豊かな関係の中で育つべき子どもたちが、お互いに「敵対」し、できること、強いことがよいことで、できないもの、弱いものは、よくない存在とされてしまう。

プラン21が始まって、どの学校も教育委員会指定の「研究」を強いられた。まだあの頃は教員たちもものを言えたので「そんなことはできない、もっと子どもに目を向けたとりくみを・・・」と反対した人も多かった。しかし、校長は、強引に「研究指定校」を受けた。というか、受けざるをえなかった。受けなければ自分がダメ校長の烙印をおされた。それは、「競争」の敗者になることだった。

校長は子どもの立場に立つ教員の提言を聞こうとしないばかりか、逆に校長室に呼び出し恫喝したり、強引に異動させたりして教員を脅す校長もでてきた。教員たちは、会議でもだんだんものを言わなくなり、善良で子どもの指導にたけている教員たちは、その多くが品川区を離れた。私のように品川区にいようとしたのに追い出された教員もいた。

現場ではなんとかがんばっている教員もいたが、子どもと向き合う余裕がなくなって、さらに助けてくれるはずのベテラン教員もいなくなって、「学級崩壊」「いじめ」の下地はつくられていった。

教育長の示すゴールに向かってわれ先にと走り始めた校長たち、しかしその先のゴールに「教育長」の姿はあっても子どもたちの姿はない。そして置きざりにされた子どもたちの中で「事件」はおきた。

つづく

（２０１２／１０　２８０号）

「登校停止」でいじめはなくなるか（2）

この品川での事件のおきる少し前に、区は「出席停止制度」を取り入れた「品川区の子どもをいじめから守るために」という保護者向けの文書が品川区教委から出された。そこでは「いじめは人権侵害行為」であると規定し、「出席停止」は「学校の秩序を維持し」「他の児童生徒の教育を受ける権利を保障する」もので「懲戒を目的としたものではない」としている。

いじめられている子がいたら、まずはその子を守ることが第一で、そのためにできるだけのことはしなければならない。それは、学校や教委の最低限の役目である。でも、その最終手段が「出席停止」とは、どういうことか。

この品川区の文書には、なぜ子どもを自殺にまで追い込むようないじめがおきるのか、そのようないじめがおきないために学校は何をしなければいけないのかは書かれていない。（別の文書には何か書いてあるのかもしれないが・・・）。豊かな関係を子どもたちの間に育てようという、暖かみを感じることができない、機械的な硬直した文書に思えてしまう。

20年近く前に、いじめが問題になったとき、品川区は張り切って「いじめゼロをめざす」と、各学校からいじめの事例を徹底的にあげさせたことがあった。どんな小さいことでも報告しろという。で、報告したら、それについてどう対応したか、その後どうなったか、など、こと細かい文書の提出を次々求めてきた。それでなくても忙しいのに、文書を書くだけで大変で、文書を書く時間があったら、子どもたちに対応していた方が解決になると、教員たちは報告をあまりしなくなった。そのうち品川区は、いじめが全国的にみて多い地区であると報道されたりした。小さいことまで報告させたので、「いじめ件数」が増えてしまったのだ。そして、品川区は報告をあまり求めなくなり「いじめゼロ運動」は消滅していった。

また同じことをくりかえそうとしている、私にはそう思えた。やたら文書を出させ、どうしようもなくなったら「登校停止」。そこには「心」がない。

最近いじめがあって、学校にうったえたら、学校がていねいに対応して解決に向かっているという話をきいた。ある意味、こういう時期だから良かったのかもしれない。いじめる側の問題解決も含めて、必要なのは教育的配慮だ。やればできる。しかし、以前そうであったように、いつしかいじめにたいする意識がうすれていったときに、またつらい思いをする子どもはでてくる。

教育の世界では一番小さな存在、弱い存在が大切にされなければいけない。品川区には「知的障害児」を普通学級にいにくくさせようという動きがある。（これこそ「人権侵害行為」だ）。さらに前回述べたように、競争をあおるような「教育改革」を行い、ひとりひとりの子どもは大切にされていない。こういった弱い部分を大切にできず、機械的に対応しようとするところで、いじめ問題の根本的解決ができるはずはない。

（２０１２／１１　２８１号）

教委、学校の「いじめ」は誰が防止するのか

いじめ防止法案（いじめ対策推進基本法案）が成立したという。いじめで自殺した子の保護者は、これで少しでもいじめがなくなってくれれば、と語っていたが・・・。この法を頭から否定するつもりはない。いじめがあってはいけないという気持ちは私も同じだ。しかし、この法を作った人たちは、本当に何がいじめか分かっているのか、実際にいじめをなくす気があるのか。

いじめた子どもを登校停止にするとか、児童相談所、警察などの関係諸機関に連絡する、地域、学校、教委はそれなりの対策組織をつくるとか書いてあるが、体裁を整えただけで、これでいじめがなくなるとは到底思えない。いじめられる子どもや保護者の気持ちがわかっていない。もう少し言えば、学校でつらい思いをしている子どもの側に立とうとはしていない。

東京の東村山市で、一人の「障害」児が移動教室に参加させてもらえず、その日の朝、バスの目の前から置いて行かれた。

理由は保護者の付き添いを学校（教委）から要請されたが保護者がことわったから。教委の言い分は、「安全性に問題がある」。確かにその子は車いすで、食事や給水にも介助が必要だ。しかし、それは特別難

しいことではなく、誰にでもできることなのだが、「誤嚥」が心配、宿泊行事という中で何がおきるかわからないことも心配、と言って、教委は保護者を付き添わせようとする。

その子の両親は、宿泊行事に親がついて行くことは、子どもも親のいないところでの宿泊を楽しみにしているのでできるだけさけたい。安全上の心配はない。教委の言う「何がおきるかわからない」のはどの子も同じこと。「障害」のあるうちの子だけ親に付けというのは「障害による差別」だと伝えた。それでも、教委が強行に付き添いを要求するので、夜だけは行くというところまで妥協案を出したが、それさえも受け入れられなかった。

公的に看護師がついて行き、親の側からもその子のことがよくわかっている介助者を準備していたにもかかわらずにである。

これをいじめと言わないでなんと言うのだろう。しかも、都教委も文科省も東村山の市教委の言うがままの対応で、何も問題にしていない。

出発の朝、教委や学校の先生たちは、校舎や門にピケをはって支援者を排除しようとした。いじめの恐ろしいところは、いじめている本人よりもそれを黙認してしまう集団がそこにあること。いじめは子どもだけの問題ではない。この先生たちは、何を思ってピケをはっていたのだろう。

「いじめては、いけません」「いや、俺たちは、こいつのことを心配していただけさ、何が悪い?」。どこかで聞いたことのあるような言葉を、いじめを防止する側の教委・学校が堂々と言い、先生たちが「そうだ、そうだ」とはやしたてる。教委、学校の「いじめ」は誰が防止するのだろうか。

（２０１３／１　２８９号）

「いじめ」の責任は誰にある?

いじめによる自殺が話題になっている。マスコミは、学校や教委の体質を問題にした報道をしている。確かに学校や教委のいじめへの対応は問題だと思う。子どもをここまで追い込む前に気がつかなかったのか、やれることがなかったのか、と思う。

いじめを人間関係のひとつとみるならば、いじめやけんかはある意味で、その子と友だちになりたい意思表示であったりする。いじめたり、いじめられたりしながら、子どもたちは人間関係のあり方や、いじめられてもそのかわし方を学び、成長していく。問題なのは、いじめが、相手の子を立ち上がれないほど傷つけるまでになってしまうことである。

「いじめ」問題は、それが深刻になってくると担任ひとりで解決しようと思っても難しい。担任だけで抱え込まずに、学校全体で取り組み、解決を図る必要がある。管理職をはじめ、みんなでどう解決したらよいかを真剣に考え、全教職員でとりくまなければならない。

また、「いじめ」は確かにいじめる側が悪いのだが、いじめるその子の内側に何があるのか、をしっかりとらえなおすことも大切である。その子の内側の問題の原因はさまざまであろうが、少なくとも、学校(教員）は、その子のかかえている問題に目を向ける努力をしなければならないだろう。いじめという行為だけでなく、その子が出すさまざまなサイン、その行動や言動に心を注ぐことが必要である。ただ単に監視するのではなく、いっしょに話したり、遊んだり、冗談を言ったりしながら、教員がその子の内面を見つめ、心を開いていくことができたら、相手を死に追いやるような「いじめ」という行動には至らなかったのではないかと思う。

問題は、今の学校の教員にそこまで子どもたちとつきあう精神的な、また時間的な余裕があるかということ。そう考えると「いじめ」問題を対応しきれなかった学校の責任と簡単に結論づけてしまうのはどうか。「教育改革」「学力向上」「教員はもっと努力せよ」と休み時間はおろか、休憩時間も勤務時間外も、家に帰ってからも研究資料だ、報告書だと仕事に追われ、ゆっくり子どもたちとつきあう時間などもてるはずのない教員たち。そこまで教員たちを追い込んでいるのは、日本の教育政策ではないのだろうか。これまでの「ゆとり教育」（は決して本当の意味で「ゆとり」にはならなかったが、それさえも）を否定して、教員からも子どもたちからも「ゆとり」を奪おうとしている。

「文部科学省がいじめの調査に入った」とか言っていたが、現場を責める前に、まずは自分たちが「いじめ」の根本原因をつくっていることをしっかり見つめてほしい。いじめっ子を学校に来させるとか来させないとか議論する以前に、「いじめ」の根源について問い直してもらいたいものだ。いじめる側もいじめられる側も、ある意味でその犠牲者なのだ。

（２００６／１２　２１６号）

苦しくて叫んでいる声を聞こうとしないのがいじめ

「青い鳥」という映画を見た。重松清が書いた短編小説の中の一編を映画化したもの。舞台は中学校。一人の生徒が自殺未遂をして転校していった、その後の学校模様が描かれている。

その中学校に一人の臨時教員が送られてくる。阿部寛演ずるその先生は、吃音（どもり）が激しい。この先生が生徒たちを相手にいじめ問題を解決していく。事前に少し話を聞いていた私は、どもりながらも子どもたちと真剣に語り合う先生の姿を頭に描いていた。でも、映画では違った。その先生は、ほとんど語らない。生徒がわざわざしかられるようなことをしても、何も言わない。彼のしたことは、いじめられて転校していった生徒の机とイスをあえて教室にもちこみ、毎朝その机とイスに向かって「野口君、おはよう」と語りかけることだった。

その学校では、自殺未遂事件があって以来、あいさつ運動を始めた。生徒会が「青い鳥」という投書箱をおいて、生徒の小さな声を聞こうともしていた。事件直後には、いじめにかかわった生徒すべてに反省文を書かせ、二度とこのようなことがないようにと学校全体が取り組み、一応事件は「解決」したことになっていた。

そこへ、その先生が来て、「野口君、おはよう」と毎朝やるものだから、生徒たちは事件をむしかえすのか、もうすんだことなのに自分たちにいやがらせするのか、とその先生をばかにしながら反発していった。それでもその先生は黙っていた。

事件が「解決」したといっても、心の中にすっきりしないものを感じていた一人の生徒がいた。この話の主人公の生徒、園部。彼もいじめに加担していた。でも、彼には、いじめているという認識はなかった。何をしても笑顔で、軽い冗談のように言葉を返してくる野口に、自分のしていることがいじめになっているとは思っていなかった。それだけに、野口が自殺したことはショックだったし、野口が転校していった後も、彼の中では事件は「解決」していなかった。

そんなとき、「青い鳥」にきた「いじめとは何か」という投書がきっかけで、園部たちが議論を始める。そのとき、「もう、やめろ！」の声。たまたまそこにいた「どもり」の先生だった。「みんな、間違っている！　いじめは、・・・・人を踏みにじって、くくっ、くっ、苦しめようと思ったり、くくっ、くっ、くっ、くく苦しめてることにきっ、気づかずに・・・くくっ、苦しんで叫んでるこっ、声をききっ、き、き、聞こうとしないのがいじめなんだ」。

その先生が野口に毎朝声をかけていたのは、ほんとうはこの教室にいたかったはずの野口のことを忘れないこと、そしてみんなが野口にしたことを、一生忘れてはいけないから。それが野口に対する責任だと。この先生の言葉で、園部は少しずつ、自分の中のもやもやがとけていく。

「いじめをやめよう」というスローガンや「反省文」でいじめはなくならない。そこにいたいという人の気持ちがわかったら、そして人の苦しんでいる叫びを聞こうとしたら、もう少しやり方が変わると思うのに・・・。

（２００９／３　２４１号）

「教育改革」でいじめ?

とんでもない話を聞いた。

車いすに乗って生活している男の子がいじめにあって学校へ行けなくなったという。どうも、いろいろ問題をかかえた子どもたちのストレス発散の対象にされてしまったようだ。弱い立場の子を相手にストレス発散しなければならないほど追い込まれている子どもたちにも、なんかつらいものを感じるが、なんと、そういう状況の中にあって、先生は、授業でいじめられている側のその子の何が問題かを、一人一人に言わせたというのである。

彼が授業に遅れてくるということを問題にした子がいたという。別に彼がサボって遅れてくるわけではない。車いすの移動に時間がかかるから、どうしても間にあわないことがある。普通に考えれば遅れるのは当然だし、そのぐらいは理解できるだろうに、と思う。かりにそのことでその子を責める子がいても、「そんなことないよ、○君は遅れてもがんばって教室まで来たじゃないか。」などと言い返す子も出てきそうだが、それはなかったようだ。それはなぜか。自分たちが、「授業に遅れるな」も含めて、様々な形で管理強制されていることへの不満を、強制する側にではなく、より弱いところにぶつけることで解消しようと、クラス全体がそういう雰囲気になってしまっていることが容易に想像できる。

それ以外では「うざい」「きもい」など、その子を傷つける以外の何ものでもない、おおよそ話し合いとか授業とかにはなりえない言葉が出されたという。

そもそも、一人の子の問題点、良くない点をクラスのみんなに言わせるなどということは、まちがってもやってはいけないことだ。その子の心はずたずたにされてしまう。その子は、吐き気などをうったえ、学校に行かれなくなったというが、それはそうだ。先生の意図はそれなりにあったのだろうが、結局何の解決もできないばかりか、その子を傷つけたうえで、いじめや差別を助長してしまっている。となると、これはもうその先生の責任の域を越えて、校長とか、教育委員会の責任でもある。ちなみに、その授業というのは「ホームルーム」ですか、と聞いたら、なんと「市民科」だという。

「市民科」。聞き慣れない教科だが、品川区が新しい教育課程をつくったその中の「目玉」の教科の一つだ。「市民科」が人権侵害を助長する教科だとは言いたくないが、その実態にあらためて驚いた。学区域の自由化から始まった品川の教育改革、建物は立派になり、カリキュラムも変えられたが、一番大切にされなければならない子どもには目が向けられていない。だからいじめもおきやすい。いじめる側の子も、ある意味で教育改革の犠牲者だ。

この「事件」は校長も教委も知っているという話だったが、何の解決策もとられておらず、親や子だけが苦しんでいる。それを放っておいて何が「教育改革」かと思う。


（2008／4　231号）

人間、やさしささえあれば

いじめは、道徳の強化とか、いじめ撲滅キャンペーンとかではなくならない。人は、もともとやさしさをもっている。そのやさしさをおしかくしてしまうものがあるとするなら、それは、人に負けてはいけない、人と違ってはいけないという思いではないだろうか。

学力が強調される今の時代、分かれば良い、点数がとれれば良いという価値観の中に、人として大切なものを失ってはいないか。学力は人の一部ではあってもすべてではない。学力のある人間だけがこれからの世界を担うとしたら、それは恐ろしいことではないかと思う。勉強のできないやつは価値がないという見方で人を見るかも知れないのだから。

「もちもちのき」という絵本の中に「人間やさしささえあれば」といういう一節がある。気が弱くて、夜、外にでることもできない豆太が、おじいさんが死にそうだと思ったとき、暗い夜道を必死で走って医者を呼びにいくのだ。おじいさんは、その弱い豆太を大事に育てていた。豆太がどんな子か、おじいさんにはしっかり分かっていたのだと思う。

大切なのは、となりの人の心の痛みがわかるやさしさをもった人を育てること。無駄な競争や学力至上の考え方は、そういう人の心のやしさを奪い、それがいじめにつながっていることを考えなければならない。

（2002／3　164号）

第5章

支援教育・進路・制度・・・

絵・北野心彩《みさ》さん「おはな」

特別支援教育は「特別『不』支援教育」

朝日新聞、4月26日（日）付、一面トップに「特別支援学校生、急増」という記事が載った。その日の社会面にも関係記事として、「特別支援学校、親が志向」とあった。そこには「保護者が専門教育を望むようになった」という文科省特別支援教育課のコメントや、「かつては多少無理してでも普通学校で学ばせたいという親が少なくなかったが、保護者が子どもの障害を受け入れるようになった」という「専門家」の見解も掲載されていた。

この記事は、地域の学校に行き、みんなとともに学びたいという親や子は、「無理」をしたり「子どもの障害」を受け入れない間違った考えをしている、ということを暗に言っているわけで、非常に偏った記事になっている。

確かに、特別支援学校に入学する児童・生徒数は増加している。が、それはこの記事にあるように、保護者が心から希望しているからだろうか。

O区では、今年も4月になって、まだ、就学通知が来ていない人がいた。就学指導（支援）委員会で「特別支援学校」と判断され、それでも普通学校への入学希望を変えなかったためのいやがらせである。最終的には、「何かの時には保護者が付き添う」という「確認書」にサインさせられて、ようやく入学が決まった。同じようなことで2月になっても就学通知が来ていない人もいた。やはり「確認書」にサインするように迫られ、不本意ながらサインをした。

この人たちは、それでも自分たちの希望を最後まで曲げなかったから普通学校に入ることができた。しかし、それはものすごい権力、圧力との闘いだった。そこまでしていやな思いをするよりは、教育委員会や学校の言うことを聞いて、特別支援学級なり、特別支援学校に行った方が良いと思う人がいても不思議ではない。全国的にも、普通学校を希望しているのに自治体の就学指導（支援）委員会で特別支援学校へ行くように判断され、それに従わなかったら何度もよびだされ、特別支援学校への入学を強制された、という話がいくつもある。これが「特別支援学校生、急増」の実態なのだ。

本来普通学校に行きたかったのに、こういう形で普通学校をあきらめさせられ、やむなく特別支援学校へ行かされているという事例をこそ、朝日新聞には書いてもらいたいものだ。

それにしても、特別支援教育とは何かをあらためて考えさせられる。「場からニーズへ」というキャッチフレーズは、どの場にあってもその子のニーズに応じた「支援」（専門教育？）をするというものではなかったのか。いつの間にか、国や自治体の意向に従わない者は支援しないと、O区のように「保護者の付き添い」の確認をとらせたりしている。特別支援教育は、「特別『不』支援教育」になってしまった。地域の普通学校でしっかり「支援」（その子にとって必要な教育）がされれば、特別支援学校入学希望者は激減するだろうに。

（２００９／６　２４４号）

「可能性」をのばせば良いのか

養護学校高等部で進路指導主任をしているという人の話を聞いた。毎年、「障害」児の進路にかかわっているだけあって、大変くわしい。子どもたちの就職活動で企業を回ったり、就職後のフォローをしたり、校内では、就職に向けての学習に力を入れたりと、よくやっている。

しかし、それだけやっても実際に就職できる生徒は2～3割で、あとは授産施設とか更生施設とか在宅とかになっているという。それはそれでよく理解できる。別に就職すれば良いというわけでもないが、今の社会で「障害」をもった人たちが仕事をするとか、周りの人たちと当たり前に生活するには、まだまだいろいろな困難があることも確かだ。

そういうえば、2001年だったか、文部省がその「21世紀の特殊教育の在り方についての調査研究協力者会議」の報告の中で、「ノーマライゼーションの進展」ということを言っていた。どういうことかとよく読んでみると、「障害」のある子どもたちが「特殊教育」を受けることによってその可能性を最大限に伸ばし、自立できるようになる。そうすれば、社会参加ができてノーマライゼーションが進展するというのである。

もっともらしい言い方をしているがなんか変だぞと思う。可能性を伸ばすのは良いが、個人差はあるだろう。「重い」障害をもっておとなになっていく人もいるだろう。そういう人の社会参加はどうなのだろう。文部省の考え方の裏をかえせば、可能性が伸ばせなければ社会参加はむずかしいということになる。これでいくと可能性を伸ばせた人たちにノーマライゼーションはあっても、可能性を伸ばせなかった人は、ノーマライゼーションの枠の外にいてくださいということになる。

先の、進路指導の先生の言葉の中でひとつ気になったことがあった。「普通学級から養護学校の高等部に来た生徒は、そういう職業実習などの学習の前に、自信をとりもどすような指導が必要だ」と。そこに「だから障害児が普通学級に行くと大変なんだ」というニュアンスを感じた。

確かにそういうこともあろうが、そうでないこともあるだろうし、もっと言えば、普通学級の中で、障害児とか、弱い立場の子どもが自信をなくすような状況があること自体を本来は問題にしなければならないだろうと思った。

いかに特殊教育の在り方が論じられ、特殊教育に携わる人たちが熱心に働いても、「障害」があったり、弱い立場になっていたりする人たちが、社会では「差別」される現実は変わらずに存在する。本当の意味でノーマライゼーションを実現しようというなら、「可能性をのばす」のではなく、その子（人）のありのままをまず受け止める社会を実現する方向でみんなが努力していかなければと思う。そしてそのためには、子どもたちの世界（学校）からノーマル＝共に生きる場の実現をめざしていかなければならないのではないだろうか。

（２００５／１２　２０５号）

「知的障害者」は高校へ行ってはいけないの?

愛媛で「知的障害者も高校へ入れてほしい」と言う要望書が県教委へ出された。それが新聞報道されると、多くの方から、障害児を普通学校へ・全国連絡会に質問、意見がよせられた。その主張のほとんどは、知的障害児が高校へ行くなんてとんでもない、授業についていけなくて困るだろう、いじめにあったらかわいそう、親の見栄だ、義務教育でもないのに・・・、などなど。

で、自分にとって高校生活とは何だったかを思いおこしてみた。自分は何のために高校に行っていたのかを考えると、勉強したことはあまりおぼえていない。英語も身につかなかったし、微分も積分も古文も漢文も今やれと言われてもできない。今の生活に役に立っていることが何かあるのか考えてしまう。多少自分とのかかわりである化学や物理でさえ、例えば、1モルの硫酸水溶液を作ろうとしても、何かの参考書を見なければ作れない。学習についていけたかどうかでいえば、一応単位はとれたのだからついていけたのかも知れないが、今ほとんどできないとなると、ついていけたこと自体にも意味はない。とすると高校に行ったのは、高卒という肩書きがほしかっただけ、あるいは大学受験の通り道=かなりがんばって大学の受検勉強でやったこともほとんどわすれてしまった=としたら、「親の見栄」と大差ない。親ではなく、世間並みに高校は出ておかないとという、自分自身の「見栄」そのものである。

でも、本当にそうだろうか。高校生活を思いおこすと、落ち込んだことも何度もあったけれど、今は、友だちとばか騒ぎしたり、活動したりした楽しい思い出が次々と浮かんできて、やっぱり高校へ行って良かったと思える。決して高卒資格をとるためではなく、例え、学んだことはほとんど身に付いていなくても、高校そのものが自分の人生の大切な通り道だった。

高校で何を学ぶか、どんな生活をするか、それはその人自身が決めることだと思う。いやになればやめてもいいし、何が分からなくても行きたければ行けばいい。その人の生活を他人がどうこう言うことではない。みんなそれぞれの在り方で高校生活を楽しめば良い。たくさんの「障害」児がこれまでにも高校生活を送り、つらいこともあったかも知れないし、いじめられたこともあったかも知れないが、そこを人生の通り道としてきた。その生き方は、誰も否定できない。

いじめられるから高校に行かない方が良いというが、だから高校に行くなではなく、そこは、そういういじめをする人たちの方こそ問題にしなければいけない。

高校を義務教育にしろとは言わない。しかし、行きたい人はだれでも行けるように制度を変えなければと思う。受検制度そのものの問題は問い続けて行きたいが、現実に制度がまだ残されている中で、障害があっても高校へ入りたいという「障害」児に道を開いてほしいという要望は、決してまちがってはいない。高校でも教育を受ける権利は誰にも保障されなければならないし、障害を理由にその希望がかなえられないとするならそれもまた差別である。


（２００９／２　２４０号）

元指導課長のMさん、あなたは何を学んだのですか？

「特特委員会」というのをご存じだろうか。この夏、中央教育審議会（中教審）につくられた「特別支援教育の在り方に関する特別委員会」の略称だそうだ。

ご存知のように障がい者制度改革推進会議では、その「教育」のところで、どの子も普通学級に入ることを原則とし、希望すれば特別支援学校にも行かれるという内容の中間報告がだされた。

ところがこれに反対する特別支援学校の校長会や、分離教育を主張する人たちは、「特別支援学校がなくなる」かのようなデマをとばして、そこにいる子どもたちや保護者、そこにかかわる教職員、さらに普通学校の教職員までに不安をあおっている。文部科学省もまた、推進会議の「中間報告」をつぶそうと、そのむこうをはって急遽立ち上げたのが「特特委員会」であった。

原則が「統合」に変わるだけで、今すぐ大きな体制が変わるわけでもなく、特別支援学校も残され、さらに希望すれば特別支援学校に行かれるのだから、これだけ入学希望者が増えている現在、何もあわてることはないのに、よほど「障害」児を普通学級に入れたくないようだ。

さて、その特特委のメンバーだが、少しでも「共に」の考えを持っている人を入れようとこちら側の人たちはがんばっていたのだが、全く無視されたようで、結局は「分離教育」を推進する人たちでほとんどしめられてしまった。

その中に、なんと元品川区教育委員会指導課長のM氏がいた。いまや、全国連合小学校校長会の会長とか。ずいぶん偉くなったものだ。

10年前の話。このM氏こそ、視覚障害のCさんが普通学級に入りたいと言ったとき（「保護者の希望は尊重する」といったこの会との約束も破って）就学通知も出さず、学務課長と二人で3時間も親に「普通学校へ入ったらその子のためにならない」と盲学校を強制し続けた人。これは差別だと親が怒り出し、周りが動き出したらあわてて今度は就学通知を出して、自らは謝罪もせずに奥に引っ込んでしまった人。（旧版「障害児が学校へ入るとき」参照）。

あれだけ言ったのなら、Cさんがどんな生活を普通学級ですごしているのかしっかり見て、自分の言っていたことがいかに間違いであったかを確認したのかと思ったら、なんと特特委でも、10年前と同じことを言っているとか。

何が偉いか知らないが、自分の考えたことが正しいかどうかは、結果を見て判断し、それが間違いだったら修正するのが「学習」の基本。少なくとも、3時間も言い続けたなら、それが結果としてどうだったかを見るだけの責任があるだろう。

Mさん、あなたは何をCさんから学んだのですか?せっかく特特委のメンバーになったんだから、Cさんが普通学級で当たり前に元気に過ごしていたことをきちんと伝え、自分の言っていたことは間違いだったと、報告したらどうでしょうか。

（２０１０／１１　２５９号）

本人が望まない「留年」は子どもを傷つけるだけ

以前、このコラムに「学力テストはおとながやったらいい」と書いた。本気で言ったわけではない。文科省がおこなう全国一斉学力テストの意味のなさを知るには、こういうことでもしなければわからないと思ったからだ。年齢別とか、職業別とか、都道府県別とかで平均点を発表して、たとえばこの職業の人は、1年間仕事をやめて学校へ行き直しなさい、なんてやったら、多くの人はとんでもないと思うだろう。たとえ点数で表される「学力」が低くても、みんなそれぞれに一生懸命生きているのだから。

そんな程度の意味しかない「学力」がついているかいないかで、子どもを留年させるようなことを言い出した人がいてびっくりしている。そういえばこの人は、平均点の高い低いをやたら気にしていた。

計算ができる、できない、文字が書ける、書けない、は確かに人として大切なことかも知れない。しかしそれは絶対的なものではない。

かつて、差別を受けてきた多くの人たちは、文字や数を学ぶことすらできなかった。そのことでさらに差別された。そのことから、その人たちに「学力」をと、取り組みが始まった。私は、このような取り組みをしている人たちに敬意をもつし、自分もできる限りのお手伝いをしたいと思ってきた。学校という現場の中でもそのことは大切なことと思って子どもたちと取り組んできた。

しかし、そこに「留年」という発想はない。本人が「留年」してもっと学びたいと言うなら、それは否定しない。しかし、本人が望まない「留年」は、できない者への「罰」でしかない。子どもたちの関係を奪い、子どもの心を傷つける。いくらがんばっても1年生程度の読み書きしかできないと判断された子はずっと1年生でいることになってしまう。

一生懸命教えることは大事であるが、できないからといってその子を切り捨てることはあってはいけない。そして、できる、できないで子どもたちの関係を切ってはいけない。

「学力」も大事だが、できなくてもお互いに助け合い、支え合う関係の方がもっと大事なのだ。できないことがあれば、誰かに助けてもらえばいい。助けたり、助けられたり、そういう生き方を学んでほしい。

6年生で繰り下がりの引き算のできない子がいた。「おれ、算数苦手だよう」が彼の口癖だった。私も心配だったが、今、彼はしっかり生きている。人それぞれの生き方があるのだ。その生き方、関係を、狭い「学力」という考え方のおしつけで奪ってはいけない。

不安定な世の中で、強力なリーダーを求める風潮がある。誰かに引っ張られることで安心しようとするそういう大衆の心理は、中味よりも雰囲気でリーダーについていこうとする。よく考えないと、「留年」もそうだが、もっと恐ろしいことがおこりそうで、正直、心配している。


（２０１２／４　　２７５号）

学校に鍵をかける前にしなくてはいけないことは？

大阪の寝屋川の小学校でおきた教師殺傷事件は、現場の人間として、どうしようもないやりきれなさや無力さを感じさせられてしまう。もし、自分の学校で事件がおきたら自分はどうするか。まずは子どもたちを逃がして、自分がその人間に立ち向かう、なんて頭ではいかにもそれらしく考えるが、実際には、真っ先に自分が逃げ出しているかもしれない。

いかに日常的に来校者を確認しようとか、門に鍵をかけようとしても、空港のように何人もの人間と機械でひとりひとりチェックしない限り意味がない。その気になれば、塀を乗り越えることもできるし、「○年○組の保護者です」と言えば、そのまま校内のどこにでも行ける。

学校内には、誰だかわからない人が、毎日たくさん出入りしている。工事関係者、業者、保護者などなど。一応胸に「来校者」という札をつけることになっているが、札をつけているから大丈夫という保証もない。結局は何かあったらあきらめるしかないのかなと思うのだが、それより私が気になるのは、こういう事件がおきるたびに学校が閉鎖的になることだ。

前の池田小の事件の時、私のいた学校は、それまで鍵などかけたことのなかった門に鍵がかかるようになった。登下校時も、一カ所しか門が開かず、学校の目の前に住んでいる子がぐるっと回って登校しなければならなくなった。

それ以前は、よく、隣の保育園の子が先生に連れられて、学校に花を見に来たり、体育の授業の様子を見に来たりしていたが、そういう風景もなくなった。5時ちょっと過ぎには、学童保育から帰る子が、職員室前を通って近道して帰っていった。「今、帰るの?」「そう、きょうね、こんなことがあったんだよ」なんていう先生と子どもの会話も、それ以来なくなった。

あの頃、高校生だったT君は、学校が早く終わると私の学校によく遊びに来ていた。彼は、私とは、ふたことみこと会話して、その後は校庭で一人で遊んでいた。といっても、すぐに小学生たちと仲良くなって、よくいっしょに遊んでいた。そんな交流も、もう今はない。

学校が閉鎖的になり、もう一方でゆとり(といってもこれまでの「ゆとり教育」はゆとりとは言えなかったが)をなくして「学力向上」に学校が変えられていったとき、そこで育つ子どもはどうなってしまうのか非常に気になる。

池田の事件にしても、寝屋川の事件にしても、共通するのは学校(教育)の在り方に対しての、何らかの意思表示(警告)ではなかったのだろうか。

すべての子どもたちがそうなるというのではない。しかし、はみ出させられたり、つらい思いをする子どもたちが出てきてしまうような今の学校教育の在り方の見直しを始めることが、学校に鍵をかける前にすることではないかと思うのだが。

(2005/3　197号)

「規範意識の向上」が必要なのは誰？

最近、学校教育にかかわる言葉の中に、意味のよくわからない言葉が出てくる。「キャリア教育」「構造化」「困り感」「規範意識」「肯定的自己理解と自己有用感」・・・、これって何だ？　普通に言えばよいことをわざわざ難しくしているだけではないのかと妙にひっかかる。

その「規範意識」という言葉が私の職場でも使われだした。私はそれが何を意味するのかわからなかった。すると、なんと区の「指導室だより」にそのことが書いてあった。それを読んで驚いた。「おはようと声をかけても返事がない、遅刻をしても平気、通る人のじゃまになっても道の真ん中でしゃがみこんで話し込んでいる」というのが、「規範意識に欠けている」ことだという。そして「規範意識を向上させなければならない」と結ぶ。態度が悪い最近の子どもたちを、このまま放っておいたら大変なおとなになるからなんとかしなければならないという書き方だ。

ちょっと待って。昔の子どもは、そんなに良い子だったのだろうか。あいさつのできないことや、遅刻することはそんなにいけないことなのだろうか。

近くの学校の普通学級から障害児学級に転校してきた子がいた。転校してきたばかりの頃、その子に「おはよう」と声をかけてもその子は返事をしなかった。そして言った。「ぼく、あいさつしない」。そしてこうも言っていた。「前の学校にもどりたい」。あいさつをしないのは、彼のひとつの自己主張のようにも思え、私は無理にあいさつしなさいとは言えなかった。それから数ヶ月して、彼はその学級の居心地がよくなったようで、いつのまにか「おはよう」のあいさつもするようになり、前の学校にもどりたいとも言わなくなった。関係ができていけば、あいさつも自然にできるようになる。でも、これで本当に良かったのだろうかと、私の思いは複雑である。また、毎日遅刻してくる子がいる。私は、遅刻してもその子が学校に来られてよかったなと思う。たまに早く来ることがあると「今日は早く来られて良かったね」と声をかける。

「規範意識の向上」というのは、こんな微妙な子どもたちの心の動きやそれぞれの事情を考えずに、ひとつの型に子どもたちをはめ込んでいくことにならないか。子どもは大人みたいに言葉で表すことがうまくできないから、体で表現するのだと思う。昔も今も、子どもはいたずらで、悪さもけっこうやって、でもそうやって自己主張しながら良いこと、悪いことを少しずつ体でおぼえて、大きくなっていくのではないのだろうか。

その後、「規範意識の向上」を言っているのはあの教育再生会議であることを知った。今の子どもを「悪くなった」とし、「規範意識」というわかりにくい言葉で何か良いことが始まるようなイメージをもたせている。子どもに「規範意識の向上」を言うなら、その前におとなの「規範意識」はどうなっているのかを問うた方が良いのではないだろうか。昔良い子だったであろうこの日本をリードすべきおとなたちが、毎日のように新聞をにぎわせ、その「規範意識」の低さを露呈していることにこそ「再生」が必要と思うのだが。

（２００７／５　２２１号）

「制度」？　は人の心を変える⁉

Kさんの登下校や給食介助のことで○高校へ行って来た。車いすで登下校するKさん。自宅付近は急な坂が多く、近くの駅にはエレベーターがないなど、悪条件の中で、遠回りしての電車通学を強いられている。体調のあまりよくないKさんの母親に、毎日の送り迎えはかなりの負担である。

Kさんの担任は、Kさんの学校生活にもいろいろ気をつかってくれている。そんなことから、たとえ片道でも送り迎えしてくれる人（ボランティア）がいたらと心配してくれて、U先生や私と母親を交えて何か良い方法がないかという相談をすることになり、O高校に出向いたのだが。

担任は良い人でも、学校の体制は決して「障害」児にとってよくない。送り迎えはともかく、学校内の生活ぐらい学校でしてくれても良いと思うのだが、（授業中は「講師」がついているが）せめて給食を食べさせてほしいとお願いしてもそれはできないという。

同じ学校に今年入学したもう一人のI君は、介助者のつかない週のうちの3日は、帰るまで給食を食べられない状態が続いている。Kさんだって、母親が今は給食介助をしているが、やめれば　I君と同じ「空腹」状態が強いられる。

この話し合いのときに、私は本論ではなかったが、「Kさんについて言えば、私が小学校時代担任だったときはやっていた。私や介助者がいないときは、校長や他の教員が心配して手伝いにきてくれた。教員の仕事であるなし以前の基本的な人間として、となりに困っている人がいたら手助けするというのは当然のことではないのか。決して難しいことではないはずだ」と問うた。それまで穏やかに話していたその担任の顔が急に変わったように見えた。「今、都教委に介助者を依頼しているが良い返事がもらえない。安全のこともあるし、制度上、教員がやるわけにはいかない」と答える。

給食を食べずに夜遅くまで空腹のまま勉強をしている高校生を見て、制度がどうだかは知らないが、何もしない教員に人の心はあるのだろうかと思ってしまう。

広島に佐伯さんという女性がおられる。その方は、ご自身が原爆にあい、必死に逃げる中、周りで苦しんでいる人たちがいても何もせずに逃げた、そのとき自分がしたことに心を痛め、平和公園で墓を守りながらそこを訪れた人たちに「戦争は人の心を変える」と、うったえている。

この担任の方も、他の先生方も、普通の人としての心をもっておられると思う。もしそうだったら、自分の学校の生徒がおなかをすかせているというのに知らんふりできるはずはない。今、仲間の中では、I君を助けようと、何かできないか相談しているが、O高校の先生方がしないものを、外部の人たちがボランティアでするのは妙な話である。何がこの人たちの心を変えてしまったのか。「制度」か、「組織」か、「学校」か。どれにしても、悲しく、寂しい話である。


（２００７／７　２２３号）

平均点の低い学校の校長を表彰しよう！　えっ？

全国一斉学力テストの結果が今年も発表された。平均点の高い都道府県と低い都道府県がそれぞれ固定化されてきたと、ある新聞には書いてあった。確かに、教科別の順位を見ても、高い方にも低い方にも同じような県の名前がのっていた。

これが公表されると、毎年のように点数の低い県の知事たちは怒ってなんとかしろと教委や校長たちを責めている。学力テストも問題が大きいと思っているのだが、その結果をもとに子どもたちに何か役立てようということよりも、自分たちのメンツのために教委や校長に脅しをかけるという本末転倒の状況を学力テストは生みだしているのだからなお悪い。学力テストは役に立たないばかりか、子どもの世界に新たな弊害を生み出すものになってしまっている。

この夏、全国の教員や母親たちの集まる学習会に参加した。そこで聞かされた教育現場の実態・・・校長は、学力テストの点数をあげることに必死になって、宿題や課題を子どもたちにたくさん出し、それを完璧にできるまでやらせるという。できない子には休み時間まで指導にあたり、子どもは遊ぶこともできない。できない子どもがいると、今度は担任が校長から怒られる。県どうしの競争が校長どうしの競争になり、さらに教員どうしの競争へとなっていく。これって、強い者が弱い者をいじめると、その弱い者はもっと弱いものをいじめる、いじめの構図とそっくり。最後は一番弱い子どもたちが、つらい目にあわされる。

ある県の知事は、平均点の低い学校の校長名を公表するとまで言い出した。文科省でさえそこまでやってはいけないと言っているのに・・・。

でも、ちょっと待って・・・、ある種のスポーツの世界にブービー賞というのがあった。何も点数の高いことだけが良いことではない。できないことの良さ、ゆっくりの良さもあるはずだ。

点数の低い県や学校には、きっとゆっくりの子どもたちがたくさんいるに違いない。そういう子どもたちとつきあっている先生たち、学校って素敵ではないか。そういう学校がいっぱいある県は素晴らしい県に違いない。だから、点数の低い学校の校長の名前を公表して、表彰状でもだしたらどうだろう。

かつて、学力テストの点数の高い県では、勉強の苦手な子たちを特殊学級に送ったり、試験当日休ませたりして平均点をあげていた。そんなことをして何の意味があるのかと思う。教育の価値は点数では表せない。先生たちが、できが悪かったりはみ出したりしている子どもたちとつきあって、その子たちが生き生きと学び育っていく、こういうことが大事にされなければならない。

だいたい、点数が高くても低くても名前を公表するなんてばかばかしいと思いつつ、点数の低いことは名誉なことだと校長たちが思うようになるぐらい、価値観が変わったら、学校もずいぶんよくなるように思うのだが・・・。

（２０１３／１０　２９１号）

出会いや関係の中で人は育つ

小学校では、来年度から新しい指導要領での学習になる。教科書もずっと厚くなるという。授業時間もふえる。すでに土曜に登校して補習したり授業をしたりする学校も多くなっている。「ゆとり」教育の結果、「学力」が低下したのを立て直そうと、今や学校は勉強、勉強で追いまくられている感じだ。そんなに「学力」をつけたところで、その子どもたちの将来は良くなるのだろうか、子どもたちのつけた学力が社会にどう生かされるのか、生かされているのか、と考え込んでしまう。

学力テストでの「検証」はこの頃やたらにされるようになって、どの県が点数が高いとか、反対に点数が低いとか話題になったりするが、その子たちが大きくなって、その学力がどう生かされているか、それによって世の中がどう変わったかを分析したものは見たことがない。

「学力、学力」という前に、自分が育ってきた過程で学んできたことが、どんなふうに役立っているかを少し考えてみたらどうだろうか。

自分が子どもだった頃を思い出すと、とにかくよく遊んだ。まだガキ大将がいた頃で、近所のお兄ちゃんに木登りから、ちょっとした生活の知恵、仲間のつきあい方までよく教えてもらった。これは、学校で教わったことよりずっと現実的で今でも役立っている。

小学校では、熱心で良い先生に出会えた。授業は今のようにいろいろ考えさせながらの学習というよりはけっこう詰めこみ的で、今だったらあまり評価されない教え方かも知れないが、それはそれでそのとき覚えさせられたことが今も使えている。普段は詰めこみなのに、たまにふと立ち止まって、「これはどうなんだ？」と考えさせることもある。言われた私たちもそのときは「うーん」と考えて、それが今思えば私にとって「考える力」になっている。大事なことは詰め込んでも覚えさせ、ポイントで考える力をつけさせるという、生きていくのに必要なことをしっかり教えてくれたのだなと思う。

何よりもその先生に出会って良かったと思うのは、体が弱く、ひっこみがちだった私をみんなの前に立って何かできるようになるまでに変えてくれたことだ。勉強というより、自分が変えられたということで今の自分はある。

その後、中学時代の生徒会活動、高校時代の良き仲間たちとの生活、学生時代の大学闘争、そして教員になってからのいろいろな子どもたちとの出会い、そのひとつひとつが人生の学びであり、生きる力になっていった。授業というよりは授業の外での学びが、自分を育ててきた。

様々な出会いや関係の中で人は育つのだと思う。分厚い教科書や遊ぶ時間がないほどの授業時間は、そういう大事な関係を奪っていきはしないだろうか。勉強のできるできないではない、人としてお互いを大事にしあう気持ちこそ、まず大切にしてほしいと思うのだが・・・。

（２０１０／５　２５４号）

「専門性」とは、その子と向き合う心

「特別支援教育」の考え方に「専門性の強化」というのがある。養護学校の先生でも「養護学校教諭免許状」を持っている人は半分もいないということが、かなり前から問題になっていた。つまり、障害児教育の専門家でない先生が障害児を教えているのは問題であるというのだ。

教員になる場合、何かの教科の免許状が必要である。小学校の教員になるには、ふつう、全教科を教えなければならないので「小学校全科」という免許状がいる。ただ、音楽、図工、家庭科などの先生は、その教科だけの免許状をもっていれば、それで小学校教員になることもできる。ただし、その先生たちは基本的に学級担任をもったり、他の教科を教えたりすることはできない。

教員免許状には、「養護学校教諭」というのもあって、特殊教育に関するいくつかの授業を大学等で受け、単位を取ることで免許状はもらえる。ところが、東京都の場合、養護学校や特殊学級の教員になるのに「養護学校教諭」という免許状は持っていなくても良いことになっていた。中学校の免許だけで小学校の特殊学級の担任になっている先生、音楽の免許だけで、養護学校の先生になっている人もいた。つまり、教員免許状さえあれば養護学校や特殊学級の教員ができた。個別で丁寧な教育とか、専門的な教育が養護学校

や特殊学級で受けられるというが、教員の採用のしかたひとつを見ても、「特殊教育」はまじめに考えられてはいなかった。

その反省？が「専門性の強化」という形で特別支援教育の中で言われるようになった。そしてこれからは、養護学校教諭の免許状のない人は養護学校の教員になれなくなるだろう。

しかし、これを急激に制度化したら、養護学校教諭免許状をもっている教員が絶対的に不足し、養護学校の先生がいなくなる。それでは困るので、免許をもっていない養護学校の教員たちに簡単な「講習」をして「単位」を与え、養護学校教諭の免許状を出すというやり方がされている。でもこれでは、免許状はもっていても、「専門性」が「強化」されたことにはならない。

前置きが長くなったが、そもそも専門性とは何かを考えなければならない。免許状があったら専門家とか、養護学校や特殊学級なら専門的な教育がされているという考え方が、まずおかしいことに気がつかなければいけない。

障害児に限らず、子どもたちは様々な問題を抱えている。その子とどうつきあうか、その子に何ができるか、専門家と言われる学者や医者でも、簡単にはいかない。

問題は、つきあう人間がどこまでその子としっかり向き合えるかどうか。子どもたちの抱えている課題に、ともかく真剣にとりくむ姿勢が様々な工夫やその子の理解を生み出す。それが「専門性」ではないのだろうか。音楽の免許状しかもっていない先生、普通学級の先生、でもそういった先生の中に、実は本当に子どもと向き合い、子どもとかかわっている先生方がたくさんいる。専門性は免許状では表せない。大切なのはその子とかかわろうとする「心」なのだと思う。

（２００６／９　２１３号）

「シート」でする「支援」とは何？

都教委が、「就学支援シート」を新年度から都内全市区町村で導入するという。保護者は、学校に配慮してほしい点などをそのシートに記入し、幼稚園、保育園の担任や、療育機関の担当者に引き継ぎ事項を書いてもらった上で、教育委員会を通して、学校に提出するそうだ。

これを「先進的」にやってきたのは実は大田区であった。大田区は「特別支援教育」の目玉的存在としてこの「シート」を導入した。それをなぜか都教委が評価し、来年度からの全都導入となったようだ。全く、大田区も都教委も何を考えているのかと思う。それで保護者や子どもの本当に望む「支援」ができるのだろうか。当人や保護者が望む支援とは何かを真剣に考えてほしいと思う。

大田区でもたくさんの「障害児」と言われる子どもが普通学級に入っている。その子たちに対して大田区は本当に「支援」してきたかと言えばそうではない。ある子には学校が保護者の付き添いを要求した。保護者は、区や学校に保護者の付き添いをやめさせてほしい、とうったえたが結局6年間付き添わされた。学校が区に「支援員」を要請しても、つけられる例は少なく、つけても週12時間とされている。また、就学時、保護者には、「日常的、あるいは遠足や宿泊行事に付き添いをすること」という確認書までとっている。「支援」と言う言葉がむなしく響く。

当事者の望む要望を「シート」に書けばそのようにしてくれるというなら、納得もしよう。しかし、シートに書かなくたって直接話せばすむことである。ところが、直接区に伝えていることには、区は何もしようとしない。「交流・および共同学習をしっかりやりなさい、そのための計画をだしなさい」と区教委は学校に言うが、交流や共同学習をしようと、必要な人手を要求しても何も措置されない。言葉で伝えてできないものが、「シート」でできるわけがない。

「シート」は、「特別支援教育」をやっているという、いわばアリバイ作りと思える。本当の支援などやる気がないのだろう。「シート」が卒業後まで使われるという話もあり、だとしたら「シート」が一人歩きしていったときに起きるできごとのほうがよほど心配である。

ある保育園の先生たちが親に「そんなシート書かない方がいい。学校に行ってちゃんと話して学校にやってもらえばすむことだから」と言ったそうだが、確かにその通りだと思う。

都教委が、そういう大田区を「評価」するということは、都教委もまた同じ程度のことしか考えていないということだろう。

この欄でも何度も言ってきたことかも知れないが、「特別支援」というのは、本当に望む支援はされない「支援」としか理解できない。来年度「本格実施」の「特別支援教育」、「支援」というならそれなりのことをしてほしいものだ。

（２００７／２　２１８号）

教育再生会議は「再生」ではなく「強制」！

政府の「教育再生会議」第一次報告が出された。真っ先に目がいったのが、「授業時数の10％増」「薄すぎる教科書の改善」「夏休みや放課後を活用しての補習」。

まずは、こんなに勉強ばかりしてどうするのだろうと思った。確かにある程度の時数の確保は必要だろうが、放課後も夏休みも長い時間教室にしばられている子どもたちの姿が目に浮かんでしまい、これで良いのだろうかと考えてしまう。今は、「ゆとり教育」とされているが、それでも子どもたちの拘束時間はけっこう長い。それがもっと勉強時間が増えるとなると、子どもの遊ぶ時間はどうなるのかと心配になる。

それと気になるのは、そんなに勉強時間をとって何をおぼえさせ、身につけさせるのかということ。勉強すればテストの平均点はあがるかもしれないが、それにあまり意味は見いだせない。無理して詰め込んだ内容は、テストで点をとれても時間がたてば忘れてしまう。受験勉強を経験された方なら心当たりがあるだろうが、試験が終われば勉強したことのほとんどは役に立たない。

「よく学び、よく遊べ」とはよく言った言葉だが、私たちが子どもの頃はそれを「よく遊び、よく遊べ」ともじって言ったものだ。子どもは遊びの中から、人間関係や人の在り方、生き方を学んでいく。「道徳」

であえて教えなくても、困った子を助けるとか、いじめてはいけないとか、弱い者を大事にするとか、学んでいく。

問題の多かったあるクラスを受け持ったとき、なかなか授業は進まず、けんかもしょっちゅう、いじめもありで当初はどうしようかと悩んだことがあった。そこでやったことは、とにかく子どもと遊ぶ、話し合う、ということだった。その学校は始業前も遊ぶ時間がとってあったし、20分休みが1日2回の他に10分休みも2回あった。で、朝から遊んだ。もめごとがおきたら、授業時間をつぶしても話し合った。そして少しずつではあるが、子どもたちの関係が変わっていった。今はもう大きくなって、それぞれに「立派」に生きている。あまり勉強はしなかったかもしれないが、だからといって「学力」が劣っていたとは思えない。

「再生会議」の言葉はさらに続く。「反社会的行為の禁止」「いじめの子に校則違反として厳しく対処」「出席停止制度」「指導・懲戒」・・・。

一方で点数をあげ、一方でいけない子には罰を与える。何か忘れていないかと思う。子どもたちは、どの子も問題があるが、しかしどの子も優しさ、すばらしさをもっている。そういう子どもたちの持っている豊かな面を引き出していくのが「教育」ではないのだろうか。「勉強できなくても元気に育ってほしい」というのがまずは親の願いのように思う。そういう子どもたちの良さをどう引き出していくか、しいて言うならそこに「再生」の意味があるのではないだろうか。今回の「教育再生会議」の報告は「再生」ではなく「強制」のにおいがしてならない。

（２００７／３　２１９号）

子どもを追い出すことで問題は解決しない！

「大阪の現状を見てください。実際に問題行動をする子どもたちのせいで学級崩壊しているクラスもある」。これは、大阪市が「個別指導教室」を作ろうということについての記者の質問に答えた橋下市長の言葉だ。要するに問題行動をおこす子どもは、授業を乱して他の「まじめ」に勉強したい子どもたちの迷惑になるから、特別教室へ送った方がよいという。では、いったいどんな子が「特別教室」に送られるのか。

授業のじゃまをする子？　実はほとんど、どの子も授業のじゃまをする。先生の話などそっちのけで勝手にわいわいがやがやしゃべりだす。じゃまをしているなんて思っていないでじゃまをする。調子にのってふざけ出す子もいる。自分一人でふざけていればいいのに、周りをまきこむ。

こういう子たちをみんな特別教室に送ったら、静かでいい。でも教室にはだれもいなくなってしまうかもしれない。そして特別教室が「普通」の教室になり、そこでまたじゃまをする子がいたら特別教室の特別教室が必要になる。

もっとすごい「問題行動の子」を送るのだと言うかもしれない。でもそれよりもすごい問題行動って何だろう。授業中立ち歩く、大声を出す、友だちをつつく・・・ひとりのそういう子がいなくなれば、教室は落ち着くか。というとそうはいかない。必ず、残された子たちの中から代わりの子がでてくる。

だいたい、まじめに勉強したい子っているのだろうか？　おもしろい勉強なら、子どもたちは、まじめになろうとかそんなことを考えないでも真剣に学ぶ。つまらない勉強なら、騒いだり、いたずらを始めたりする。「学級崩壊」というのは、だれか一人が学級を乱しているのではなくて、みんなが何かに不満を感じて騒ぎ出すからおきる。教員の立場からすればおきてほしくないが、ある意味それは子どもたちの自己主張なのかもしれない。

「学級崩壊」をおこさせないとかおこることはよくないとか言うよりは、学級崩壊がおきたときに子どもたちは何を考え、何を求めているかを考え、そこを追求していったら、子どもたちが抱えている本質的な問題に出会い、教員も子どもも学び合えるかもしれない。

本来、子どもたちは枠からはみ出すものなのだと思う。騒いだり、暴れたりいたずらをいっぱいしながら自分を表現し、成長していく、それが子どもなのだと思う。しょっちゅうもめごとをおこす子がいて、その子のことを個人面談で母親に伝えたら、その母親は涙を流して「先生、この子は大きくなったらどんな悪い人になるんでしょう」と言った。ただありのままを伝えただけだった私はびっくりして「お母さん、違うんです。こういう子だから何の心配もいらないんです。無理していい子にしている子のほうが実はずっと心配です。」

「特別教室」にその子を送ることでの教育的意味は見いだせない。子どもを追い出すところに教育はない。それで根本の問題は解決しないだろう。

（２０１４／９　３０２号）

普通学級では将来は保証できない?

ある講演会の記録文。一人の子について「青信号の意味がわからない」「同時に三つ、四つのことができない」「ごっこ遊びができない」「一歳児の能力しかない」そして「この子にとって普通学級での授業は苦痛でしかなかった」。ある親が学校から言われた言葉。「普通学級を卒業しても就職はできません」「この子の将来は保証できません」「特殊学級に入れれば必ずのびます」。

授業が苦痛なのは、その子のせいではない。あれもできない、これもできないと否定的な見方しかできない先生に教えられていることが、苦痛なのだ。また、特殊学級に入っても、養護学校に入っても、将来は保証されないし、就職も保証はされない。

子どもが楽しく学べる、あるいは将来その子なりに生きていくことができる、それは、特別なところで学んだとか、その子が何かができるようになったとか、ということではない。周りがその子(人)をどう受け止めるか、どう共に生きていこうとしているかによるのだと思う。

どこが良いかではなく、どう「共に」を作り出していくかが大事なのだ。そのためには、小さいときから「みんないっしょ」に生活し、学ぶことが大切だし、自然なのだ。今ある学校や社会をそのままにして、「あっちがいい」という言い方は、何も世の中を変えることにならない。

(1997/4　111号)

第6章

「障害」と「差別」と

絵・北野佑さん

先生のしていることは「差別」であり「虐待」である

「障害児を普通学校へ・全国連絡会」という会にかかわっている私であるが、そこにくる相談には、聞いていて胸の痛くなるような話がたくさんある。

たとえば、「他の子がテストをしているのに、自分の子どもにはテストが配られず別のことをさせられている。」「先生が、1時間の授業の中でその子にたいして何も声をかけない。休み時間も何もかかわりをもとうとしない。」「先生や支援員が、給食も食べさせなければ、トイレ介助もしない。」「子どもが痣（あざ）をつくって帰ってくるので、先生にたずねると、私は知らない、私はやっていない、と言う。」「付き添いを校長から言われたのでことわったら、他の親から付き添わないのは無責任と言われた。」

いじめ、暴力、差別、虐待、これらがあってよいとは誰も言わない。しかし、ここに見られる相談内容は、学校の先生や周りの人たちがしている「差別」であり「虐待」である。たたいたりけったりするのも虐待だが、いわゆるネグレクト（無視）は暴力よりひどい虐待だと思う。差別もそうだが、虐待も当人はそうとは思わずにやっているところに恐ろしさがある。ここにいるべきではない「障害」児なのだから、何をしてもよいと平気で思っているのだ。

こういった相談に私はどう答えたらよいのか、言葉を失う。

最近、杉戸の渡邊弘美さんから「いっしょがいいね」という「すぎと共に育ち学ぶ会」の会報が届いた。そこにこう書いてあるところがあった。

「健常の子どもであれば、たとえどんなに手がかかろうと、言われるはずのない言葉を、障害のある子には平然と言い放ち、切り捨てる、この感覚こそが『差別』なのです。少数の弱い者の権利を踏みつけ。その上で守られる多数の権利とは何なのでしょうか。切り捨てないこと、たった一人を大切にすることが、多数を守り大切にすることにつながると私は思います。」「『差別』は特別な問題ではなく、とても身近な問題であることを、多くの人は知りません。理不尽な扱いで権利を踏みつけられた者の苦しみは深く、逆に踏みつけた側は何も感じず、踏みつけていることに気づきさえしないのです。・・・どんなに叫んでも、私たちの声はとても小さい。だからこそ叫びます。ひとり一人を大切にする世の中を願って。」

渡邊さんも、かつて大変つらい思いをされてきたと聞いている。でもそういう中で叫び続け、今も地道な活動を杉戸で続けておられる。

答えはすぐに見つからないかもしれないが、一人を大切にすることが実は多くの人が大切にされるその一歩につながるのだということを確信して、初めの一歩を踏み出せたらと思う。

（２０１３／４　２８６号）
＊この文は、全国連絡会の会報に書いたものを一部書き直してここに載せました。

乙武さんの一日校長に思う

なにげなく、インターネットでその日の情報を見ていたら「乙武さん一日校長　児童と交流　障害者への理解進む」という朝日新聞の記事が紹介されていた。よく見ると、品川区立鈴ヶ森小学校とある。「バリアフリー化が進んでいない同校での体験を通じ、障害のある子とない子の共生を考える試み。文部科学省中央教育審議会の委員会で報告したいという。」と書いてあった。

乙武さんといえば、ご存じの方も多いだろう。「五体不満足」という自分の体験を書いた本がベストセラーになって有名になった車いすの「障害」者だ。今は、保育園運営やテレビ出演など独自の活動を続けながら、文科省中央教育審議会の特別支援教育特別委員会（略して特特委）の委員にもなっている。

特特委といえば、「障がい者制度改革推進会議」が「原則、障害児も地域の学校へ」という方針をうちだしたのに対抗して文科省が急遽作った委員会。現状の分離教育政策を維持するために、無理して作った委員会だ。（実は私も普通学級で障害児を受け入れてきた経験のある教員ということで、その委員のひとりにと仲間内から推薦されたのだが、文科省がそういう人間を受け入れるわけもなく、委員にはなれなかった。しかし）乙武さんは、その委員に選ばれた。彼は、「障害」がありながら、普通学級でずっとすごしてきている。そのわりには共に学ぶ運動にはほとんどかかわらず、何を考えているのかよくわからないところもあるが、少なくともこの特特委の中では、27名の委員の中で、唯一（と言ってもいいかと思うが）「分離」の方向での結論をだそうという文科省の意図に抵抗を示している。そういう意味では彼に期待するところも大きい。

それだけに、なんで鈴ヶ森小なのかと、ちょっとがっかりした。鈴ヶ森小がいけないというのではない。ただ、新聞記事を読んだ範囲では、彼自身が子どもたちに自分が障害をかかえながら生活する姿は見せても、普通学級で共に学ぶ障害児の姿が全然出てこない。品川区内には、たくさんの子どもたちが普通学級に入っているのだから、その学ぶ姿や、教委、学校の問題点を見なければ学校にでかけた意味がないではないか。それで、何を特特委に報告するというのだろうか。鈴ヶ森小の隣の学校では、入学時に就学通知もすぐには出されず、大変つらい思いをした親子がいて、しかも今、みんなと一緒に生活している。

もしかして、そういうことを隠そうと、乙武さんにはそういう子がいない学校を区が紹介したのかも知れない。乙武さんだって、せっかく特特委に報告するのであれば、障害児が共に学んでいる学校を見たいと言ってもよかったのに、とも思ってしまう。

これでは、乙武さんへの理解は進んでも、本当の意味での「障害」児・者への理解は何も進まない。乙武さん、共に学ぶためにどういう「理解」必要かを、ぜひ特特委に伝えてください。

（２０１１／１０　２６９号）

国語教材「きいちゃん」のもつ差別性

光村図書の6年生の国語教科書に「きいちゃん」という話がある。養護学校の教員が自分のクラスにいる「手や足が思うように動かない」ひとりの女の子、「きいちゃん」について書い（た形になっ）ている。実話かどうかはわからないが、自分の姉の結婚式への出席を母親から拒否されたきいちゃんが、その先生のすすめで姉への結婚祝いとしてゆかたを縫い、その結果、姉から結婚式に出てほしいと言われ、結婚式にでられるようになったという話。きいちゃんは、母親に感謝までしている。

ここだけ聞いて、この話の差別性に気づかれた方もあるだろう。これが（一応選択教材になっているのだが）全国でもっともよく使われている（自称「反差別に取り組む」）「光村図書」の教科書に載っていて、「美談」として教室で語られているかと思うとなんともやりきれない。

きいちゃんは、手から血が出るほどに一生懸命ゆかたをぬったという。それほど「努力」して結婚式には出してもらえたが、「障害」のあるきいちゃんが、当初結婚式に出てはいけないと言われた「差別」の現実は何も解決していない。筆者は「お母さんはいつもいつもきいちゃんのことばかり考えているような人」と母親のことを良く言っているが、たとえどんなにふだん良い人だって「差別」はする。そして、「差別」したことはゆるされない。筆者はその母親を容認し、差別されてひどくおちこんだきいちゃんの側に、問題をすり替えている。

それよりもなおゆるせないと思ったのは次のくだり。

「もしかしてお母さんは、きいちゃんが結婚式に出ることで、お姉さんに（中略）手や足が思うように動かない子どもが生まれるのではと、周りの人に誤解されるのではと心配・・・」

ここで私は、この筆者が母親よりもなお強い差別性をもっていることを感じる。

結局、この筆者自身が（母親の心配という言い方で）「手や足が思うように動かない子が生まれてはいけない」と思っていたのだ。きいちゃんがいようといまいと、お姉さんだけでなく、誰だって、手足の思うように動かせない子を産む可能性はあるわけだし、それはいけないことではないと思っていたら、「誤解」とは言わなかっただろう。「誤解」の言葉の裏には「お姉さんはそういう子を産みませんから安心を」という響きが伝わってくる。

ある研究会の席で「この作品の良さをどう読みとるか」という話があった。私は、もしここで学ぶなら、この作品の差別性をどう読みとるかだと思った。

国語の教科書にあるのは何でも良い作品だと思うのは大きな間違いだ。このままだと、「障害」者は一生懸命がんばらないといけません。結婚式にも出してもらえませんよ。ということを子どもたちの意識の中に埋め込むことになってしまう。「がんばらない障害者は差別されても仕方がない」と。

（２００５／１　１９５号）

＊この件で前に光村に申し入れをした人がいたが、光村は「問題なし」と答えている。

震災がおきても「障害」者は助けない⁉

今回の震災では、想像もつかないできごとが次々とおこっている。津波の大きさもそうなら、被害の範囲の広さもだれも予想はできなかった。そんな中で唯一想定されて、ずっと昔からその危険性が指摘されていたのは原発トラブル。これもまたどこまで被害が広がるかわからない状況になってしまって、日本列島にいる人たちはすべて国外に避難するとか、でもそんなことは実際には不可能で、金のある人は逃げ出して、後の人は放射能をあびながら死んでいくとか・・・、「日本沈没」という映画があって、こんなことあるかなあなんて思って見ていたが、あれよりひどいことになりそうで、不安ばかり募ってくる。

それにしても、今のところまだ「普通」に生活できている私たち。この災害でたくさんの亡くなった方やその家族、友人、そして今も寒さの中で避難生活を続けておられる方々がいることを思うと、いたたまれない。たくさんの義援金が寄せられていると聞くが、少しでも何かしたいという思いがこういう形にでているのだろう。現地で命がけで救助、援助、復興にあたっている人も大勢いるという。頭が下がる思いだ。人の心の暖かさを感じ、人もまだ見捨てたものではないと、ほっとする。

こういう震災の中では、「障害」のある人たちはなお、大変な状況においやられる。逃げるに逃げられず、亡くなった方も多かっただろうと思う。無事に避難できても、一人で動けない人に介助者を派遣できるような状況ではない。生死にかかわることもおきてくるのではないかと心配だ。

日常と違う生活をするだけで気持ちが落ち着かなくなる子もいる。たくさんの人がいる避難所で大声をだしたり、おこりだしたりする子もいるだろう。他の避難者だってぎりぎりの生活を強いられているのだから、周りの受け止め方も本人や家族にとってはつらいものであるかも知れない。大変なときには、まず一番弱い部分が大切にされなければならない。

ところが、こういう震災がおきたことをとりあげて、普通学級に入りたい子、あるいは、普通学級に在籍している子の保護者に対して、「何かのときには助けられない」「この前の地震のときはおぶって逃げた。今度こういうことがおきても責任はとれない」と平気で言う校長がいる。震災がおきたら「普通」の子は助けるが「障害」のある子は助けないということではないか。普通学級から子ども追い出すための「脅し」に震災を利用しているのだ。

そういえば、「がんばれニッポン」というＣＭが最近目立つが、どうも気になる。被災したのは、日本人だけではない。たくさんの外国人もいる。障害者だろうと外国人だろうと、みんなで助け合わなければと思う。「普通の日本人」は助けるけど、そうでない「障害」者や外国人は助けないというのではおかしい。そんなことないよ、みんなで助け合うよと多くの人は答えるだろうが、「責任はとれない」と言った校長の言葉の中に、もう一つの人の心を見てしまう。

（２０１１／４　２６４号）

移動教室においていかれた子ども

前回、東京の東村山市で、一人の障害児が移動教室に参加させてもらえず、バスの目の前から置いて行かれた、という話を書いた。そして、またまた東京から保護者の付き添いを強要されている、という相談がきた。この子の場合、ストレッチャーを使っているのだけれど、看護師も介助員もついていて、なおかつ、保護者に付き添えと言われているという。

昔から比べれば「障害」者と言われる人たちは町に出やすくなった。公共施設のほとんどは、車椅子や視覚障害の人たちでも安心して使えるようになってきた。多くのところで障害者は、大事にされるようになったかに見える。だが、ほんとうだろうか。

少なくとも、学校に関して言えば、30年前と何も変わっていない。いや、もっとひどくなっている。介助員、支援員がつくようになった、エレベーターのある学校が増えたといえば、確かにそうだが、何で上のような問題がおきてくるのか。結局、学校を含めた世の中が本質的には何も変わっていないということなのだろう。

障害者に対しての「理解」の多くは、障害者が障害者らしくしているときの話なのだ。それを飛び越えて障害者が「普通」の世界に入ろうとすると、「障害者理解」などどこかにいってしまい、障害者いじめが始まる。

その典型が学校だ。障害があるのに何で普通学校にいるんだという発想。支援級や支援学校にいればその存在を認めるが、その子が「普通」の世界にやってきたとたん、「とんでもないやつ」になってしまい、ここにいたいなら何らかのリスクを負ってもらわなければゆるせない、ということで「保護者に付き添わせろ」という話になる。それを断ったりすると、障害者のくせに生意気な！　というのが上記の学校や教委の本音なのだ。24時間テレビなどで障害者問題を取り上げるマスコミも、こういうことになるとほとんどのところが黙してしまう。「分際をわきまえない」障害者には応援しないということでは徹底している。

それでも批判を避けるために一応障害者は大事にしているというポーズをとる。そういう彼らにとって最後の砦（言い訳）が「安全」だ。「安全が心配」と言えば周りは納得する（と思っている）。本当に子どもの安全が心配なら言われなくても保護者は子どもから目を離せないだろう。

「安全が心配」は、この子の安全の責任は私たちはとらないという、学校・教委の無責任さを表している。何かあったら他の子の責任は私たちがとります。障害児の責任はとりませんという。ここに差別がある。こうして、分際をわきまえない障害児には、保護者の付き添いを要求し、それを拒否すると学校教育にも参加させないという、「仲間外し」を平然とやってのける。そのために子どもがどんなに傷つくのかなんて、どうでもいい。将来の世界を支える子どもたちを育てる学校がこんなことでは、どうしようもないと思うのだが・・・。

（2013／9　290号）

まず出会うことで理解を!

「だれでもサポーター」というパンフレットを受け取った。見ると、ある区の養護学校ＰＴＡが共同で作った「障害児理解」のパンフレットだった。理解が深まるのはいいことだとそれを見ていた私であったが、「こんな風に〝できないこと〟を宣伝しなくてもいいのに」というある障害児の母親の言葉を聞き、あらためてこのパンフレットを読みなおした。

「言われたことを繰り返す」「突然、大きな声を出す」「ひっくり返る」「泣きわめく」「順番が待てない」「危険なことがわからない」「恥ずかしいことがわからない」・・・。そして、「こんなときは、やさしく話しかけて。見守って。無理に抑えないで」とある。

私が近所の子とバス旅行に出かけたとき、渋滞して予定時刻に目的地に着かないことに彼がバスの中で怒りだし、「キーキー」と大きな声を出し続けたことがあった。そばにいる私は怒る原因はわかっていても、彼を見守るしかなかった。しかし、バスに乗っている人たちの中には「うるせーなー」と真剣に怒っている人もいた。確かに怒られてもどうしようもないし、決していい気持ちはしないのだが、怒る人の気持ちもわかるわけで、それもまた私は受け止めるしかなかった。「この子は障害児ですから理解してください」

などとはとても言えなかったし、言う気はなかった。そう言うことは、そこにいる彼に失礼だ。私は「障害児」と旅行しているのではなく、一人の「友だち」と旅行しているのだから。

なんでその子が怒るのか、周りに伝えることは大事だと思うが、その子が一方的に理解されるべき存在ではない。理解はお互いにし合うものでありたい。障害児の行動に怒ったり、変に思ったりするのは自然なことで、その怒る人を見て、彼もまたその人がどうして怒るのか、変に思うのか、どこかで理解してほしいと思う。お互いにいやな思いをしつつ、それをぶつけあい、わかりあうことで時間はかかっても、共に生きる社会が作られていくのではないだろうか。

このパンフレットがつくられたきっかけは、お店の人が「その子とどうつきあってよいかわからなかった」と言ったからだそうだが、そのお店の人がその子とつきあおうと思ってつきあえば、つきあい方はわかっていく。つきあう気持ちがなければつきあい方はわからない。本気になってつきあえば、いいこともたくさんあるし、いやなこともたくさんある。そういうことを通して、お互いの理解は生まれていく。そういうことは、パンフレットでわかるものではない。

同じ記事に、「新幹線の中でうるさい子ね、と捨てぜりふをはかれたがわかってほしかった」とあったが、実はその新幹線での出会いが、さらに日常的に様々な場でみんなが出会い、トラブルをおこしながら、どうしようかとお互いに考えていくことが、理解のきっかけになるのだと思う。ふだん、子どもたちを周りから切り離してパンフレットで理解を求めることより、まず出会い、共に生きようとすることが、ずっと理解を深めることになるのではないだろうか。

（２００６／５　２１０号）

文部副大臣よ、成田に行く前に学校へ行ってみて！

なんとなくテレビのニュースを見ていたら、(私の記憶に違いがなければ) 文部科学副大臣が成田から東京のオリンピックの施設に予定されているところまで車いすで移動してみた、という報道がされていた。パラリンピックもあることだし、外国の車いすの人が来ても安心して来られるかどうか、確認するためだったようだ。このように、国は、障害者のこともちゃんと考えているというある種のパフォーマンスのようにも見えた。

スポーツも文部科学省の管轄で、こういうことも必要なのだろうが、何か変だと私は感じた。成田から東京に車いすで来る前に、行かなければいけないところがあるのではないか、と。

そう、それは学校。

これからの社会を担う子どもたちが育つ学校。成田から東京まで車いすで移動するというなら、なぜその前に学校へ車いすで行ってみようと思わないのだろうか。

成田から東京まではスムーズに来られたらしいが、学校では正門から校舎内に入ることでさえ車いすでは大変だというところがいくつもある。まして中に入ったら、昇降口から廊下にはあがれない。トイレの入り口にも段差があり、入ってみれば和式のトイレしかない。(最近はそれでも洋式トイレが増えてきてはいるが)。2階、3階にはだれかにかついでもらわなければ、あがれない。一見平らに見える校庭だって、実はでこぼこ。

ちょっと前までは、車いすで外に出るのにも、電車に乗るのにも苦労していたという話はよくあったし、「車いすなんかでひとりで町にでるもんじゃない」と言われたという話も聞こえてきた。それが最近は、電車に乗るにも(問題がないわけではないが)一声かければ駅員は当然のようにやってきて乗降用の板をおくし、どの公共施設もエレベーター、点字ブロックなどは当たり前、という時代になってきた。それが、なぜか学校だけはそうならない。

1979年の養護学校義務化以降、学校には障害児はいないもの、という前提で教育政策は行われてきた、その結果として、唯一、学校は、障害児・者にとって住みにくい場所であり続けているのだ。

障害者権利条約が批准され、障害者基本法で共に学ぶ教育の方向が示されているのに、文部科学省の基本的な考え方は何も変わっていない。オリンピックに来る障害者には「おもてなし」をするが、学校にいる「障害」児のことは「知らん」という姿勢を全く変えていない。「知らん」どころか、親の付き添いを強要し、その結果、学習活動、行事に参加させられない子どもがいても知らぬ存ぜぬを続けている。成田に行く前にもっとやることがあるはずだ。まずは、学校をバリアフリーにして、「どうぞみなさん、安心して学校へ来て下さい」と言うことが、文部科学省のやるべきことではないだろうか。

(2014/10　303号)

お・も・て・な・し　は　誰に

ソチのオリンピックが終わった。「感動」もあったが、反対に心にひっかかることもたくさんあった。ひとつは、「メダル、メダル」の連呼。オリンピックに限らず、サッカーでも野球でも国際試合があれば日本チームを応援している私がいる。しかし、やたらメダル、メダル、メダルとマスコミが言うのには正直うんざりしている。誰が勝っても負けても、スポーツとして楽しめればそれでいいのになあと思う。メダルを取れなくても、フィギュアの女子選手のようにやり直してそれなりにみんなから認められれば良かったとは思うが、金メダル確実などと言われていながらメダルがとれず、その責任を背負ってしまった選手などを見ていると、つらくなる。

もうひとつ、観客席でのあの「日の丸」の嵐。戦時中の記録映画などで見る出征兵士を送り出すときのあの日の丸の旗の波の情景とダブって見え、こういう盛り上がりが、いつか戦争への道に向かわなければいいがなあと心配になる。まして、「神風」なんていう言葉まで出てきて「それって戦争を正当化するのに利用された言葉だよ」と言いたくなり、スポーツがこんな風に戦争と同じイメージで語られることにいやだなあという気持ちになる。

永六輔さんが、かなり前にラジオで「私がある競技に出たときにゴール近くで日の丸をわたされた。しかし、私は日の丸のために走っているのではないとそれをそっとその人に返した」と語っていたことを思い出す。オリンピック選手も「国のため」に出場しているのではないと思う。

戦争が続く世の中で、世界平和を願って始められたオリンピックが、どこか違う方向へ向かっていないかと気になる。違う国の選手どうしが励まし合ったり助け合ったりする場面も報道されていて、よかったなあと思うからこそ、あまり自分の国の「勝ち」にこだわらず、世界の国との交流を気楽に楽しめたらいいのになあと思う。「オリンピックは参加することに意義がある」のだから。

このオリンピックが東京でも行われることになった。あの東京オリンピックが決まった瞬間の歓声は何度も放送されているのだが、ここでも私はひっかかってしまう。オリンピックもいいが、その前にやることはないのかと・・・。

移動教室や遠足においていかれる子どもがいる。予算がない、人手が足りない、そんな子は見られません・・・この悲しい現実に、国も都も何もしない。片方で莫大なお金を使って競技場を建て替えるなら、その前に、まずやることをやったらどうなのか。「お・も・て・な・し」を本当にする気なら、足下で泣いている子どもたちにしっかりその子たちの「お・も・て・な・し」をしてからにしてほしい。小さい存在の人権がないがしろにされる国で、オリンピックが来たと喜んでいていいのかと思う。

（2014／3　296号）

長嶋さん、「ありのまま」でいて！

7月3日の日曜日、脳梗塞でたおれた長嶋茂雄さんが久しぶりに大衆の前に姿を見せた。右手をポケットに入れたまま、しかし左手をふってにこにこと東京ドームの観覧席に現れた。ドームにいた人たちは、歓声をあげて彼を迎えた。彼が元ジャイアンツの選手や監督であろうと（私はアンチ巨人）、あるいは彼がどういう思想をもっていようと、野球を通してみんなを楽しませてくれたスターであり、その彼が病気を乗り越えて元気な姿をみんなの前に見せてくれたということは、素直に喜びたい。その後の土曜日のラジオ放送で和田アキ子さんは、「いやあ、長嶋さん、出てこれて良かったね」と、そのときの状況を振り返りながら話していた。たまたまそのラジオをつけていた私も、そうだそうだと思って聞いていた。

ところがその次の日の日曜日、私は思わぬ見解を聞いてしまった。

それは、ＴＢＳの日曜朝の報道番組。そのスポーツコーナーには、張本、大沢という元プロ野球選手の評論家がでてきて、「あっぱれ！」とか「カツ！」とか言って、スポーツ選手のプレイや言動を、ほめたりしかったりする。それがけっこうおもしろくて、私も何となく見てしまうことがあるのだが、このとき、長嶋さんの登場について張本さんはこう言った。（言葉は正確ではないが）「いやあ、あれはまだ早い。もっとしっかり治してから出てこなくては。ああいう姿をみんなの前に見せるのはどうだろうか。」

私は、それは違うと思った。むしろもっと早く出てきても良かったと思っていた。右手をポケットに入れたままにしているのも気になった。少し動きが不自然になったとしても、その不自然さをそのままみんなの前に見せてほしかった。体が不自由になっても長嶋は長嶋なんだ。国民的ヒーローの長嶋さんがありのままの姿を見せてくれたら、たくさんの人たちが勇気づけられるだろうに、と思った。

司会の関口宏さんは「ああそうですかねえ」とその発言についてのコメントを避けた。同じ場所に評論家の佐高信さん（彼は今の世の中の動きにきちんとそのおかしさを指摘できる人かと思っていた）がいたが、彼も何も言わなかった。少なくとも彼には何かひとこと言ってほしかった。

だから、つい最近の24時間テレビで、長嶋さんの多分左手で書いたであろうふにゃふにゃ（だがとても思いがこもっているように見えた）のサインを見たときは感動した。下手でもいいじゃないか。これが長嶋さんのありのまま。だからすばらしいと思った。

私は、選手時代にベースをふまないでホームランを1本損したり、監督のときにとんでもないサインをだしてひんしゅくをかったり、わけのわからない英語を使って「長嶋語」をしゃべる、そんな長嶋さんが好きだ。だからこそ、病気になってもそのままの長嶋さんでいてもらいたいと思うのだ。

（2005／9　202号）

「障害」という表記は問題か？

私たちは、「障害者」いう書き方や言い方で、「障害」をもっている人たちのことを表現する。この言い方で良いのかどうかは、30年以上前からずっと議論されてきた。「障」は「さしさわり」、「害」は「周りに悪い影響を与える」という意味をもっていて、どちらも決して良い意味では使われない。だから、目が見えなかったり、車いすだったり、知的な「遅れ」があったりする人たちを「障害者」とよんでよいのかどうか気になるのは当然である。

ある人たちは、「害」の字を「碍」と書き換え「障碍者」と表記している。また「障がい者」や「しょうがい者」のように、一部または全部をひらがなに書き換える人たちも増えてきた。「障害」の字に必ずかぎかっこをつけて書く人も多い。できたら別の言葉で表現したいのだが、他に適当な言葉が見つからないので「いわゆる（障害）」ということでかぎかっこを使っている。

「碍」の字は、「碍子」（電線をはるための陶器製の石で、絶縁体にもなる）などに使われている漢字で、「さまたげる」「じゃま」などの意味をもっている。そう考えると「害」よりはましかもしれないが、たいして意味は変わらない。ひらがなで書くことで言えば、ひらがななら「罪」（言葉の悪いイメージ）が減るのかといえば、どうも違う。かぎかっこは、私もよく使っている。多少、表現に配慮を見せているつもりなのだが、それで良いというわけでもない。

「障害者」が様々な差別を受けている現実の中で、その差別を解消しようともせずに言葉だけ「差別」的でないようにしようなんていうのは、おかしい。だから、私もあえて「障害」という言葉を漢字で書いて、「何が悪い」と開きなおったりもしている。

そんな私に、「そうか！　これか！」と思わせる一文があった。それは「障害者権利条約」の中の「障害」の定義。前文の「e」には次のようにある。

「障害は（中略）障害者が十分かつ効果的に社会に参加することを妨げる人々の態度や環境における障壁との対立から生ずる（以下略）」。

ちなみに権利条約の中での「障害」は英語で「disability」と表記されている。これを私流に解釈すれば、「障害（disability）」は、その人がそうである（もっている）ということではなく、社会との関係の中で、生まれてくるものということだ。「障害者」に「さしさわりや害」があるのではなく、その人たちを生きにくくしている周りの状況が「障害」なのだ。その人たちが「障害者」ではなく、その人たちは「障害」を受けさせられているという意味での「障害者」。正確には「被障害者」ということかもしれない。目が見えない」ことが「障害」ではなく、目が見えない人があたりまえに生きていけない状況があったら、それが「障害」ということなのだ。

そんなことわかりきっているよ、という方もいるかも知れないが、私にとっては、目からうろこであった。そして、今しばらくは、「障害」と書き続けようかと思った。

（2008／5　232号）

男でも女でもない「障害」

最近、毎日新聞が「境界を生きる」という記事を数回にわたって連載していた。男、女とはっきり分けられない「性分化疾患」についての記事であった。そこには、その「疾患」のために悩み、また、その結果自らの命を絶ったという人の話ものっていた。

記憶に新しい方もおられると思うが、南アフリカのセメンヤ選手は、ベルリン世界陸上選手権女子800メートルで優勝したが、その性を疑われて問題となった。彼女は女性として育ち、生きてきた。性を偽っていたわけではない。しかし、優勝したが故に、その体つきが男っぽいということから、一方的に医学的な検査をされ、彼女自身も知らなかった彼女独特の性的な特徴を報道されてしまった。周りの理解がない中では、隠しておきたいきわめてプライベートなことが、彼女の了解もなく伝えられてしまったのだ。いわば、「さらし者」にされた彼女は、その後公の場には姿をみせていないと、その記事は書いている。

世の中、男の人がいて、女の人がいる。男っぽい女の人もいれば女っぽい男の人もいる。さらに、体は男なのに心は女の人もいれば、体は女なのに心は男の人もいる。肉体的あるいは、精神的に男女両方の性をもつ人もいる。統計学的にいっても、男があって女があれば、少数ながらもその中間の人、複雑に両方の性の特徴をあわせもつ人も存在する。これを「障害」と言ってよいのかどうかわからないが、それも一つの人のありようで、自然なことなのだと思う。　しかし、そういう人たちは少数ゆえに、思わぬところで、苦しめられる。ほとんどの人は、この世には男と女のどちらかしか存在しないと思いこんでいるから。

何かの書類を書くときに、男か女かに○をつけるようになっていることが多い。私には、これがいつも気になる。この欄は「男・どちらでもない・女」にすべきではないか。いや、こういう欄はどれほど必要があるのか、と。

これまでもこのコラムで書いてきたが、「障害」とはその人自身に「障害」があるのではなく、周りとの関係でできる「壁」や「無理解」「差別」が「障害」となる。たとえ少数でも、そういう人たちの存在を当たり前のこととして周りが受けとめれば何の問題もないのに、実際にはそういう人たちはいないものとして世の中が動いているから、悲劇がおきる。

人と違ったって普通に生きていかれればよいのに、男か女かのどちらかであらねばならない世の中の「常識」が、その人たちを苦しめるのだ。

「障害」児・者をとりまく状況には、まだまだ解決されなければならないたくさんの問題があるが、性の問題については、なお、たくさんの課題があるように思う。私たちが、男と女の狭間で苦しんでいる人たちがいることをまず知ったり考えたりできたらいいのかなと思うのだが。

（２００９／１１　２４８号）

＊セメンヤ選手は、その後再び競技に元気な姿で参加するようになったと報じられている。

「たくさん理解者を増やすことが障害の克服」

最近、あるミニコミ紙で読んだ話である。

3歳児健診で自分の子に遅れがあると言われた母親が、少しでもその子を健常児に近づけようと、あちこち発達訓練してくれるというところを回っていたという。そして、ある言語療法の医師に出会ったところ、その医師から

「障害を克服するのではなく、たくさん理解者を増やすことが障害の克服だ」

と言われ、それが転機になって、地域の学校を目指すようになったという。

「発達、発達」と言っている教員や、文部科学省の役人に聞かせてやりたい言葉だと思った。

いわゆる「発達保証論」の最大の問題点は、「障害」を否定していることだ。「障害はあってはいけないもの」と考えるから、その子の「障害の克服」や「発達」が強調され、少しでも健常児に近づけようという発想が生まれる。

その結果が今の分離別学体制になった。地域の中でたくさんの友だちと同じ学校で学ぶことより、友だちや地域から離れた学校に行って、その子の「障害」を「治す」ことのほうがその子のためだというのだ。

文部科学省が出している「21世紀の特殊教育の在り方」や「特別支援教育の在り方」も全く同じ発想だ。どちらも「ノーマライゼーションの実現」と言いながらそのためには「学校で障害を克服させせ（自立できるようにさせ）ることで共に生きる場（ノーマライゼーション）が実現する」というのだ。これでは、「障害」の克服できない人は、一生社会の輪には入れないではないか。

でも、考えてみたらこれが現実だ。福祉だのバリアフリーだのといろいろ言われるが、障害者差別の現実はいっこうに改善されない。

「障害」があっても、周りと少し違う感じの人がいても、まず、その人のありのままを受け入れたい。「障害」はあってはいけないものでもなくさなければならないものでもなく、それがその人そのままなのだ。

そんなふうにお互いが理解し合うためには、子どものときから共に育つことだと思う。いいこともいやなことも含めて共に学び、育つことから「共に生きる社会」が実現するのではないだろうか。

まさに「理解者をたくさん増やすことが障害の克服」なのだ。

（2005／2　196号）

「障ハラ」もたくさんある！

子どもに「障害」があると、どこか気がひけて、学校に対しても遠慮しがちになる。学校から何かを言われるとその通りにしなければ申し訳ないような気持ちにさせられる人も多いと思う。だから、「付き添いをお願いします」などと言われると、そうしないと学校に入れさせてもらえないような気持ちになったり、子どもが学校でひどい目にあうのではないかと心配になったりして、「はい、わかりました。」と答えてしまう親も多いと思う。

しかし、どこの法律をみても、入学や学校生活の条件に「親の付き添い」などということは書いてない。子どもの権利条約を見ても障害者権利条約を見ても、全く反対で、子どもに必要なことは行政の責任において（合理的配慮）しなければいけないことになっている。（そんなことはありえないはずなのだが）仮に何かの事情で親に付き添いを頼む場合でも、「本来学校でやるべきところが充分にできずに申し訳ありません」と親にあやまって「お願い」するべきところなのだ。

それを何を勘違いしているのか、障害児は親に面倒を見させるべき、とか、普通学級に入りたいなら親もリスクを負え、とばかりに上からものを言う学校、教委がいまだに後をたたない。

すべての親に付き添いを要求するならまだしも、「障害」児の親にのみ付き添いを要求するのは、「障害」を理由としているのだから障害による差別になる。

にもかかわらず、付き添っている親に対してさらに学校は追い打ちをかける。

あるとき、親が体調が悪くて「今日は付き添えません」と学校に連絡したら、管理職が「それなら子どもを休ませてください」と言ったという。事情があって学校に来られない子どもがいたら先生が迎えに行ってでも子どもが学校に来られるようにするのが先生の役目だと私は思っていた。まさに子どもの教育権を奪うこの管理職の発言は、憲法違反そのもの。親に対してのハラスメントだ。こう言われた母親はショックでしばらく立ち上がれなかったという。

この学校では、「子どもがゆっくりなので、親が見ていなかったら危険じゃないですか」「付き添いは学校の方針です」「お母さんがいないから、子どもが何もできないじゃないですか」等々親を傷つける発言が続く。

今は、女性の容姿についてのひとことでもハラスメントとして注意が喚起され、教委もそういう通知を各学校に出しているのに、これだけ親を傷つける障害者ハラスメントについては何も触れていないのはどこか間違っている。障害者には何を言ってもいいということではないはずだ。

ここにあげたのはほんの一例で、全国連絡会にくる相談ではもっとひどい発言が次々と報告されている。ハラスメントはいまや30種類もあるとどこかに書いてあったが、「障害者ハラスメント」という言葉はなかった。「障ハラ」がハラスメントにならないことが、差別の現実なのかと思う。「障害」者には何を言ってもいいという考えがまだ多くの人の間にあるということだ。

（２０１５／１１　３１５号）

「障害」についての学習は誰のため？

先日、ある小学校を訪問する機会があった。その学校では車いすの子が普通学級に通っている。その子には、これまでずっと母親が付き添ってきたという。付き添うことが入学の条件だったそうだ。

その学校の先生たちは、ほとんどその子にかかわろうとしない。車いすを押すどころか触ろうともしない。母親がするからいいと思っているのか、あるいは、先生は手を出すなと上から言われているのか・・・。

その学校で、「障害者」についての学習をほとんどの学年でやっていた。聴覚障害者、視覚障害者、知的障害者・・・。その学習の「成果」は廊下の壁に張り出されていた。「困っている人を助けよう」と。

子どもたちの学習と学校の実態とのギャップに驚いた。先生は、この子たちに何を教え、子どもたちは何を学んでいるのだろう。

頭だけで障害者を「理解」し、目の前の友だちには何もしようとしない。それは、「障害者」を別の世界の人間としか考えない差別を生み出す学習になっている。「障害者」は教材ではない。誰の、何のための学習なのか、考えてしまう。

（２００１／１２　１６１号）

第7章

事件・事故・政治・・・

絵・野村美森さん

つくられる「世論」はおそろしい

若手力士の「リンチ」死事件、朝青竜の出場停止処分、大麻検査陽性事件と、このところ大相撲の話題がマスコミをにぎわしている。子どもの頃から相撲は見るのもやるのも大好きだった私であるが、国技館に行ったときなどに感じる相撲社会の閉鎖的、封建的な雰囲気には、これも子どもの頃から違和感をもっていた。だから、大相撲の改革論議はそれなりに必要なことなのだとは思うが、今回の「大麻事件」のマスコミの報道のしかたや、それによって動かされている世論、そして相撲協会の動きには、相撲界の問題だけではない、何か恐ろしいものを感じている。

ひとつ。ほんとうに二人がやったかどうかは誰もわからない。最初の一人はやったと認め、あとの二人はやっていないと言っている。しかし、マスコミも相撲協会も、彼らを「犯人」としてことを進めている。ドーピング検査で、多くの人はもっともだと思って信じてしまう、そこが恐い。一般の我々にはそんなに正確なものかどうか確かめようもないのだから、かえって、もしかしたらまちがいだってあるかも知れないと、まずは考えなければと思う。かりに、検査結果が正しかったとしても、誰かの陰謀でサンプルがすりかえられていたとか、サンプルにこっそり大麻成分を入れられたとか、という可能性だって否定できない。本当はやったかどうか当人以外はわからないのだから、やったと決めつけることではない。もし、自分がやっていないで、あの二人のような立場に立たされたらと思うとぞっとする。

ふたつ。大麻について。たばことどっちが体によくないか調べてみたら、たばこの方が体には悪そう。大麻の反応がでたことで、なんでみんなは大騒ぎするのか。やってはいけないことをやったと思っている（思いこまされている）人もいるかもしれないが、法律では大麻の「所持」はいけないが「吸引」についてでは罪にならないという。（以下は、かりに二人がやったとしての話だが）確かに麻薬の一種とされているのだからそれに関わったという道義的な面は追及されても仕方がないかも知れないが、何かとてつもなく悪いことをしたような報道のされ方は、違うのではないか。世間の人々は、大変な事件を二人がおこしたと思いこまされる。でも、二人のしたことで、直接的に傷ついた人は誰もいない。どこかの教育委員会や校長のひとことのほうが、よっぽど人を傷付けている。

みっつ。にもかかわらず、相撲協会は二人を解雇した。世間の動きにそうせざるをえなくなってしまった。相撲界の中だけでも、もっと厳しく対応しなければいけないところがたくさんあるはずなのに、つくられた世論におされて世論の納得いく形のやり方を見せしめ的に二人にした。

私は感じる。こうして戦争は始められると。大衆はいとも簡単にマスコミに流され、何が真実か、何が正しいかよく考えもせずに「二人は、悪い」「二人を解雇しろ」と叫ぶ。それは、やがて「〇〇国は悪い」「攻撃するのは当然だ」に変わっていく。つくられる「世論」はおそろしいと思う。

（２００８／１０　　２３６号）

「賭博」問題と子どもの「命」とどっちが大事！

またまた大相撲のことで世の中大騒ぎになっている。今度は「野球賭博」だとか。確かに、法的にはやってはいけないことだし、それによって「暴力団」へ資金が流れるのもよくないかもしれないが、やっている人たちはそれなりに楽しんで（だから損をしてもそれはしょうがない）、暴力団はもうかって、もし明るみにでなければ、このことで誰も困ってはいなかった。

日本で賭博は法的に認められていないが、外国では堂々とできたりするし、外国へ行って賭博をしてきても、罪には問われない。「大損をした」と日本に戻ってきて言っている政治家や芸能人はたくさんいる。でも、そのことでの非難はあまりない。かけごとで言えば、競馬や競輪、パチンコ、サッカーくじなどは公認され、だれでもできるし、自分の生活をこわさない程度に楽しむことは「健全な娯楽」とも言われている。

大相撲の力士の一部の人たちが日本の法を甘く見たと言えばそれまでだが、私の周りにもお金を賭けて、麻雀や花札、トランプをやっている人たちはたくさんいる。学校の先生もよくやっている。

それで、何で大相撲だけがこんなに騒がれるのか。ストレスのたまった人たちやマスコミが、なんかいじめの対象を見つけて喜んでいるかのように「大相撲は乱れている」の大合唱。ニュースを見ていてうんざりする。ほんとうに賭け事をやめさせたいなら、全国調査をして、やっている人間を全部公表してみたらどうか。先生、公務員、議員、マスコミ関係者・・・、「逮捕者」が次々でてきて大相撲だけが「乱れて」いるわけではないことを知らされるだろう。

東京の東村山市の学校では、車いすの女の子に水や食事が与えられていない。保護者の付き添いを強要したいがためのようだが、（千葉でも同じような話があったが）水分補給がされなければ子どもの命にかかわると、保護者はやむをえず仕事もしないで学校に行っている。

保護者や支援者が、市教委、学校に何度も話に行っているが、「食事介助、水分補給は教員の業務ではない」と市教委は開きなおっている。業務であるとかないとか以前の、人としてのあり方の問題だろうと思う。

この問題ではマスコミにも声をかけているが動きはにぶい。話し合いの席に顔を見せたこともない。相撲部屋の前には、頼まれてもいないのにたくさんの記者が集まっているというのに。

学校や市教委がやっていることは、憲法で保障されている基本的人権、生存権、学習権を奪っている。明らかに憲法違反である。同じ「違法」であっても「賭博」問題と子どもの命とどっちが大事なんだ、と言いたくなる。みんながおもしろがりそうなところにのっかるのではなく、人が生きていくために何が大切か、社会がどう変わっていったらよいのかという視点で、私たちの周りの問題を考えて行くことができたら良いのにと思う。

（２０１０／７　２５６号）

入れ墨のどこが問題？

入れ墨することを奨励しているわけではない。ただ、入れ墨の何が悪いか、の説明を聞いたことがない。神様からいただいた体に傷をつけるとは何事か、と宗教者は言うかも知れないし、体に良くないという人もいるかも知れない。しかしそれが「税金で給料をもらっている公務員がするのはよくない」理由にはならない。公務員が入れ墨をしてはいけない理由が皆目わからない。

ニュース番組など見ていると、インタビューをされている人の多くが「入れ墨はよくないと思います」と言っていて驚いた。そんなにみんなよくないと思っているのだろうか。「良くない」と言っている人の方ばかり報道しているのではないかと疑いたくなる。

そういえば、入れ墨をしたいけどしない、という人の中に、温泉に入れないからと言う人が何人もいた。「入れ墨のある方、入浴お断り」という札を私もよく見る。あれもなぜだかわからない。理由は書いていない。入れ墨をしていることで、周りに何か迷惑がかかるのだろうか。入れ墨がしみ出して風呂がよごれるとか・・・。そば屋さんの入り口に「中国人お断り」という差別的な札があってびっくりしたことがあったが、入れ墨の人の入浴を拒否するのも、「入れ墨差別」になるのではないだろうか。余談だが、入れ墨のある人が温泉に入っていけないわけがあったら教えてほしい。

もし､本気でみんなが「入れ墨はよくない」と思い出したらそれは恐ろしいことだという気がしている。入れ墨は単なるファッションだと思う。きわめて個人的な好みの問題ではないのか。髪をのばすとか、そめるとか、ひげをはやすとか、ぼろぼろのＧパンをはくとか、衣装を初め、自分の姿をどうしようかということは、その人の表現であり、自由である。

最近テレビ番組で時代劇が少なくなったが、「遠山の金さん」は人気のある番組だったと聞く。江戸町奉行の遠山金四郎が、もめ事のさなか町人に扮して、自らの入れ墨「櫻吹雪」をちらつかせながら立ち回る。そしてもめ事の張本人を突き止め、いざ、奉行所にきた悪の張本人が「自分ではない」と言い張ると、「この櫻吹雪に見覚えねえとは言わせねえぞ〜」と啖呵をきる。

櫻吹雪も水戸黄門の印籠も権力の印とみると、あまり好きではないが、金さんも公務員なので、金さんの話も大阪では禁止になるのだろうか。金さんを見ていた人たちは、みんな、あれはよくないと言い出すのだろうか。

最近では先生も調べられて、大阪市に一人二人いたようで､その先生は､｢消します｣と言っているそうだ。かつて（今も?）学校の髪の毛検査で生まれつき茶髪の人や天然パーマの人（実は私もそうだったのだが、最近は白くなり、毛も少なくなってちぢれも目立たなくなった）は、一生懸命説明していたが、今度は､｢入れ墨ではありません。それはほくろです」なんて言わなければいけなくなるかと思うと、ぞっとする。


（２０１２／７　２７８号）

「寅さん」も排除される?

有名タレントが、暴力団と接触があったということで引退した「事件」が大きな話題となった。彼の言ったことにはまだうそがあるなどと、引退後まで騒がれている。こんなときのマスコミは、暴力団にかかわる人とつきあうことは、あってはならないことといった感じで報道する。

暴力行為はいけないと思うし、人をおどかして何かをするというのは確かに良いことではない。私などは気が弱いから、そういう人と面と向かったら、きっと何も言えなくて、自分が何も悪くなくてもごめんなさいと逃げてしまうかも知れない。実際にそういう場面に出会ったことがないから、「暴力行為」がどんなふうに行われているのか実感できないでいるのだが・・・。

でも、全く出会ったことがないというわけでもない。学校の教員をしていると、ときどきそういう人が保護者として学校にやってくる。どんな保護者であろうと、保護者であれば当然教員としては面と向かって話すことになる。

よくあるのは子どもどうしのトラブル。「うちの子のどこが悪いんだ!」と怒ってやってくるその父親の言い方には迫力がある。しかし、きちんと事実を説明し、担任としての自分の考えをはっきり伝えることで、「そうですか、わかりました」と実に気持ちよく話を受け止めてくれることが多い。そこには、ひとりの親として自分の子どもを一生懸命育てている姿がある。中には一度話すと、担任のことを親分のように思って「先生の言うことなら何でも聞きますから」みたいになって「ちょっと待って〜」ということもある。

「暴力団排除条例」が全都道府県に出揃ったことが、先のタレントの引退とは無関係ではないらしい。でも「暴力」や「暴力団」を排除することと、暴力団にかかわる人を排除することは違うと思う。暴力団員だって、ひとりの人として生きている。当然、家族もいれば友だちもいる。どこかの「組」にかかわるようになるにはそれなりの事情もあったのだろう。死ぬか生きるかのところを助けてくれた人が、そこにかかわっていた人だったという話はよく聞く。

義理と人情の世界とか、堅気には手を出さないとか、彼らなりの生き方もある。たくさんの「やくざ」映画がつくられる背景には、自分にはない生き方にあこがれる人の気持ちがあるのだと思う。「フーテンの寅」だって、暴力団のかたわれだ。ちなみに私は寅さんの生き方が大好きだ。そこにあるのは、人と人とのちょっとずれた、しかしあたたかいかかわり。

マスコミは、もし本気で暴力団排除を言うなら、芸能人や政治家がどこの暴力団員とつきあっているとかとりあげる前に、「暴力団映画排除」「寅さん排除」とやったらどうだろう。でもそうはできないだろう。追放しなければならないのは、「暴力」であって、人と人とのかかわりではないのだから。

（２０１１／１１　２７０号）

秋葉原殺傷事件——悪いのは容疑者だけ？

先日の秋葉原の殺傷事件は、ひどく心を痛めるできごとであった。

その後、この事件の容疑者Kが、なぜそういう行動に走ったか、様々な情報が流された。結局彼は、誰も相手にしてくれないという追いつめられた思いの中で、事件をおこした。彼は、「やるぞ」、「やるぞ」とメールを送り続け、「人を殺すんだぞ」と叫んでも、それすら無視されて、本当に事件をおこすことでしか、自分の存在を確認できなくなっていった。そこには、生きることへの「絶望」があったのだろう。「だからといって、そんな関係ない人たちを無差別に殺すのはゆるせない。」「誰かが止めてくれるのを待っていたなんていうのは甘えだ」等々、多くの人は彼を非難する。それはそうだ。何人もの人を殺傷する行為がゆるされるはずはない。

だがこれは、彼を非難していてすむ問題なのだろうか。

彼は悪人、私は善人、というふうには簡単に整理はできない。一歩まちがえれば、私も同じことをしていたのではないか。誰だってぎりぎりのところまで追い込まれたら何をするかはわからない。それほど人は弱い存在であることを考えたい。

8年前の池田小の事件を思い出す。あのときの容疑者の行動のきっかけは、受験競争からの脱落だった。それが、あの場合は国立大学付属の小学校の子どもたちへ向けられた。Kもまた成績が下がったことによる自分の不本意な進路変更が、行き着くところ「秋葉原」へ向けられた。

なぜ、「絶望」するのか。本当なら、様々な生き方があって良いはずの人生なのに、その道は一つしかないような思い込みをさせられてきているからではないだろうか。もっといろいろな生き方があって良い。勉強ができなくても豊かな人生がすごせる、ということを考えることができたら、そこまで自分を追いつめることはなかったろうに、と思う。

今の教育行政＝学校教育のひずみは、必ずどこかにでてくる。おそらく私たちも今の子どもたちもその犠牲者なのだろうが、なんとかかわして生きようとしている。しかし、そのひずみが積み重なった最後の部分、最後の誰かは、もう、よけようがなくなってしまっているのだ。

「障害」をもっている子どもたち、様々な問題を抱えている子どもたちは、学校教育のひずみを日常的に受けている。追いつめられている。そしてぎりぎりのところで親も子も耐えている。

この子たちが安心して通える、自分もここにいて良かったと思えるような学校になることで、実は誰がいろいろな人のあり方、生き方を知らされる教育が実現するのだと思う。

戦争という名の「大量殺人」は、世界をリードしていると思っている「偉い人」たちによって今もくりかえされている。こっちのほうがよっぽど問題だ。Kのしたことは確かにいけないが、「偉い人」のしていることはほっといてKを非難するということでもないだろうと思う。非難するよりまず、自分たちの生き様、そして学校のあり様を考えたら、Kだけが悪いとはならないだろう。

（2008／7　234号）

セクハラ野次・彼一人を問題にして終わらせないで！

都議会でのセクハラ野次については、本当に腹が立つ。言った彼に対しても「赦せない」という気持ちでいるが、それを受け止める議員達、議会の体質にも愕然とする。このような野次が平気でとばせる雰囲気が都議会にあったということ、それに対してその場で「ちょっと待って」という議員が議長を初め誰もいなかったということ、かなり離れたところにいた議員に聞こえた言葉が、その発言者の周りにいた人たちにはわからなかったということ（嘘をつけ！ と言いたくなる。本当に聞いていないとしたら、心底、心のにぶい人たちだと思う。）、そのくせその野次に続くように笑い声さえおきていること、本当にこの議員たちは日頃、弱い立場におかれている人のことなんか何も考えていないのだなと思う。こういう人たちが都政にかかわっているかと思うと、いかに都が人を大切にしていないかがわかって、悲しい。

しかし、問題をここで終わらせてはいけない。これは、謝ってすむ問題でもなく、議会で何か決議してすむ問題でもない。せっかくこういう問題が明らかになったのだから、議員たちもそうだが、私たちも含めて自分たちの中にある差別性をきちんと見直す機会としなければと思う。

結婚したくない人、結婚したくてもできない人はたくさんいる。悪気はなくても、当たり前のように「結婚されないんですか？」とか「お子さんは？」と声をかけることが、場合によってはその人を傷つけることになってしまうことがある。これは、当事者ではないとわかりにくい心の痛みだ。

差別というのは、自分が全く気がつかないうちにしてしまっている場合がよくある。それを言ってはいけないではなく、それを言ったときに相手がどう感じるかを心鋭く思っていないと、あの議員と同じようなことを私たちもまたしてしまうことになる。

今、障害児を普通学校へ・全国連絡会を中心に、付き添いをなくす全国キャンペーンが始められている。教委や学校は、「障害」児が学校に入ると、保護者に平然と付き添いを要求する。「障害」児には、保護者が付き添うべきということが当たり前だと思っている。それが当たり前だと思っている人にとっては、相手の心の痛みは理解できない。

結婚するのは当たり前、子どもを産むのは当たり前、障害児の親が付き添うのは当たり前と思っているうちは、それが差別だと気づかない。議員の野次、暴言にはあれほど大騒ぎしているマスコミだが、こと教育に関して学校内で出される校長などの暴言、差別発言にはまるで無関心のように感じてしまう。

世界に恥をさらしているのは議員の発言だけではない。弱い立場の人のことを考えずに、世間の「常識」でものを言ったとき、そこにつらい思いをしている人たちがいることを考え合う基盤がないと、議会でも学校でも私たちの間でも、悲しい差別が続くことになる。

（２０１４／７　３０１号）

草彅くんの逮捕に思う――「悪者」はつくられる

スマップの草彅君が逮捕されたと大騒ぎになった。「公然わいせつ」ときくと、なんかすごく悪いことをしたように聞こえる。でもよく聞けば、よっぱらって公園で服をぬいだというそれだけのこと。よっぱらっ（たふりをし）て、セクハラしたりしている人をみるとなんかゆるせない気持ちになるが、よっぱらって服をぬいで大声を出したぐらいで、こんなに騒ぐことかと思う。

彼が「逮捕」されたいきさつには、警察に対して抵抗したことがあったようだ。何でも自分たちに従うべきと考えている「権力者」というのは、「言うことをきかない人間は悪いやつ」と決めつけるふしがある。就学指導委員会の判定に従わない、「普通に行きたい」と言っただけで「悪いやつ」と決めつけるどこかの教委や学校とよく似ている。彼の場合、抵抗さえしなかったら、翌朝は「飲み過ぎるなよ」ぐらい言われてまた仕事に戻れたのかも知れない。

気になったのは、この件のテレビ報道のしかた。特に街ゆく人へのインタビューのとりあげかた。「へえー、信じられない」「いい人だと思っていたのに・・・」「ちょっとひどいわねー」、と批判的な声ばかり。「まあ、よっぱらってそういうこともあるんじゃないの」みたいなことを言った人もいただろうにそういった声はとりあげられていなかった。

少なくとも初めの段階では、「草彅がとんでもない悪いことをした」という意図をもっての報道がされていたように感じた。その後、周りからそれほどのことではないのでは、という声も出されるようになって、ちょっとはほっとしたのだが、報道されたことを一方的に信じてしまったり、思いこんでしまう人々の心理を利用して、罪のない人を悪者にしたり、意図的に真実をねじ曲げて伝えたりするのは良くないことだし、受け取る私たちも気をつけなければと思う。

和歌山のヒ素入りカレー事件では、あの被告が犯人という確かな証拠は何もないにもかかわらず、彼女は最高裁までいって「死刑」とされた。事件がおきたばかりの頃の新聞を読んでいくと、彼女が犯人のように思わされていく、そういう報道のされ方がされている。

同じような事件で松本サリン事件があった。あのときも、被害者の夫が犯人かのように報道された。このときは、別に犯人がでてきて、マスコミ各社はその方に深く謝罪し、思いこみによる報道はつつしまなければと反省していた。にもかかわらず、ヒ素カレー事件では、他に真犯人が現れないことから、やっていないかもしれない彼女が、「死刑」になってしまったのだ。

「疑わしきは罰せず」が本来の原則であるのに、疑わしいというだけで判決を出してしまった。彼女を犯人かのように報道したマスコミと、それによってつくられた被害者（家族）の感情や世論におされ、裁判所でさえも判断力を失ってしまっている。やっていない人を死刑にしてしまったとしたら、これは大変なことなのに。マスコミの操作で、真実が曲げられていく可能性、その恐ろしさを私たちはしっかり見つめていかないと大変なことになる。

（２００９／５　２４３号）

東横インは悪くて学校は悪くない？

人気のホテル、東横イン。連日ほとんど空室がないという話を聞いたことがある。本社が蒲田にあって、私もよくその前を通るのでなんか身近に感じてしまう。そのホテルが、障害者用の駐車場や部屋を改造して使っていたということがニュースで大きく取り上げられていた。市の条例通りに設備を作り、検査を受けて確認をとってから改造するという、手の込んだやり方だ。

ニュースの中で社長は「条例に違反したのだから申し訳ない」と言いながら、一般の人には使いにくい。そういう部屋をおいておかなければならないのかね」とまで言っていて、全然自分が何をしたかがわかっていない。条例違反を指摘されたからしかたなくあやまってはいるが、障害当事者のことなんかまるで頭にないようだ。

私は車いすを使っている人とときどき旅行することがあるが、車いす用の部屋が少なくて、泊まれるホテルを探すのに苦労することがよくある。しかたなく設備のないホテルに泊まることもあるが、移動やトイレ、入浴などいろいろ大変な場合が多い。法的にそれを義務づけてあればそんな苦労もしなくてすむのだから、自治体任せではなく、国としてやってほしいものだ。

ところでこういうニュースを聞いていつも私が感じるのは、マスコミは何を考えているのかな、ということ。ホリエモンの事件にしてもそうだが、単なる悪者たたきにすぎないのではないか。昨日まで持ち上げていた人を悪者にすればそれでいい。いったい何が正しくて何が違っているか、ことの本質を見極めて報道しようとはしないのだ。

条例違反したホテル会社の社長は確かに悪いが、もしマスコミが障害当事者の立場に立って考えたら、今の学校にはその条例すらないのだから、そこを大きくとりあげてほしいものだ。「確かに東横インの障害者用設備は改造されましたが、全国のほとんどの小中学校には、最初からその設備さえ作られていません。人生の一番大切なこの時期の子どもたちにそういう設備はいらないと言うのでしょうか。みなさんはこの現実をどう考えますか。悪いのは東横インだけではありません」なんて、アナウンサーが言ってくれたら、ちょっとは救われた気持ちになる。

ハンセン病元患者がホテルの宿泊を断られた事件のときもそうだった。それを報道することは大事なことだが、近くの学校にみんなといっしょに行きたいという子どもたちが入れさせてもらえない現実が大きく報道されないのはなぜだろうか。

「みなさん、大変です。今年も品川区では『学校選択の自由』と言いながら、小学校入学を前に、希望した学校に入れさせてもらえない「障害」児が何人もいます。政令では、１月31日までに就学通知を送ることになっていますが、いまだにその子どもたちには就学通知が届いていません。これは、かつてあのホテルがハンセン病元患者の宿泊拒否事件を思い出させる事件です。」というニュースにはならないのだろうか。私には、どちらも同じように人をひどく傷つける事件と思えるのだが。

（２００６／２　２０７号）

ゴーストライターがくれた感動

「ゴーストライター」のことが話題になった。有名タレントが出した本が実はゴーストライターが書いたんだという話はよく聞く。お互いそれで納得していれば、それでいいようにも思う。書いた人はどんな人かと想像するのもおもしろい。

自分が書いたものでなくても、「あなたの名前で出しておきます」と言われ、「はい、よろしく」などということはままある。逆に、誰かの話を聞いてそれを私が原稿にし、その人の名前で出したこともある。子どもの作文を先生が添削してほとんど先生が書いてしまったような作文もある。その子の名前で発表されたその作文のゴーストライターは先生ということになるが、あまりそういう言い方はされないで、指導は○○先生などと言ったりする。国会や議会の答弁で大臣や知事が原稿を読み上げていることがよくあるが、あれも誰かが書いたものを読んでいることが多いそうだ。でもそれを咎める人はいない。

今回のゴーストライター騒ぎ、二人で作品を作ったのだから、二人の名前で堂々と発表して、「これからは二人の名前でやっていきます。印税は分け合います」と言えば、いい音楽を共同で作ってきたのだからそれでいいのにと思うが、どこで歯車が違ったか、大変な騒ぎになってしまった。正直なゴーストライターが隠してはおられなくなってしまったのだろうが・・・。おかげでいい音楽まで宙に浮いてしまったようで残念だ。

そうして、このことをどうしても隠しておきたかったもう一人のＳさんが、世間の批判の的にされてしまった。彼の生活、「障害」、言ったことやったことの全てがことごとく悪いことのように書かれ、言われてしまっている。

会見で自分も「嘘」をついてきたのに、もう一人に向かって「あの人は嘘を言っている」という発言に、いたずらっ子が先生にしかられて、「オレだけが悪いんじゃない、あいつだってやったんだ」という場面を思いおこしてしまった。そんなとき、私はその子はどうしてこんなことをしたのかなと考える。そこには、決して笑えない彼の内面があるように思えてくる。

Ｓさんは、いろいろな人生を歩んできて、どこかで自分の存在を確認したいという思いでここまできてしまったのかもしれない。しかし、その確認のしかたに少し無理があったのか、予想外に世間の注目を浴びてしまって引っ込みがつかなくなり、どうしていいか分からなくなっているようにも見える。「嘘」がわかるまでは、多くの人がその音楽の良さに感動し、喜んでいたし、それで困った人はほとんどいなかった。

最近、女性科学者やら政治家やらで「嘘」がいろいろ報道されているが、感動や夢を与えてくれるような「嘘」には、よってたかって非難することより、「嘘」を楽しむセンスもあって良いのではないかと考えたりもする。

（２０１４／４　２９７号）

マスコミの切り貼りにも気をつけて

最近は、論文の「嘘」がどうの、切り貼りがどうのとやたら問題になっていて、そのたびにあいつが悪い、こいつが悪いと騒ぎになっている。もともと人間なんてだれもが嘘つきなわけで、その「嘘つき」が、他人の嘘をほじくりだしてなんだかんだ批判しているのはいったい何なのかと思う。しかもその「嘘」は、それが嘘だったとしてもその嘘で困る人は誰もでてこないような嘘で、要するに注目をあびている人を窮地においやることで、「自分は嘘つきではない」という自己満足をしたいだけなのだと思えてくる。

それを取り上げた報道番組に出てくるコメンテーターも、その「嘘」批判に同調するだけで、あなたたち、もっと他にやることないの？　と言いたくなる。その騒ぎの裏で、○○細胞どころではない、軍備や原発のことで今の日本は、そしてみんなの「命」は大変な方向に向かっているのに・・・。

切り貼りと言えば、小さな切り貼りを見つけてくるすごい人がいるもんだと感心してしまうが、もっと大きな切り貼りがあることも忘れてはいけない。

例えば、テレビのニュースに出てくる映像は、たくさんの撮影されたものの中からほんの一部を切り貼りしたものだ。それは、ニュースの提供者の意図でどうにでもなる。ある事件でＡの側に立つか、Ｂの側に立つか、報道機関がＡの側に立ちたいと思えば、Ａに有利な場面だけを放映する。それを知らない視聴者はＡが正しいと信じる。映像まで見たんだから間違いないと。街角のインタビューなどにも報道機関の意図は実に見事に現れる。たくさんの人から取材して、自分たちの意図にあったものだけを「切り貼り」して報道する。ちょっとそれに反対っぽい意見もいれることで、なおさら公平な報道をしているように見せかけて、巧妙に自分たちの主張で世論を操作する。

何日か前の朝日新聞に、「障害」児を入学式の集合写真に入れるかどうかで親と学校が話し合ったという記事があった。そこにある投稿を見た人がいて、私たちの間で話題になっていたので、それが大きく報道されて、よく取り上げてくれたと、お互いに喜んだ。

しかし、時間のたつうちに私の中である疑問が浮かんできた。入学式の写真に載ったか載らなかったということでこれくらい大きな記事になるのに、昨年移動教室に置いていかれた東村山の女の子の記事はなぜ東京新聞にしか報道されなかったのか。朝日にも伝えていたのに。

写真のことなら記事にするが、重度の障害児が行事に参加させられなかったのに記事にしない。こっちの方がもっと大きなことなのに。ここにも切り貼りがあると思えてくる。「共に学ぶ」ということを朝日は切り捨てていた。としたら、こういう記事を載せていかにも「障害」者の味方ぶるのはやめてほしいと思えてくる。ちなみにこの記事でコメントしているＭという大学教授は分離教育を主張するグループのリーダー的存在として長年やってきた人である。東村山の女の子は、切って捨てられたのだと思うと、何かくやしい。

（２０１４／５　２９８号）

「オーム」の事件は人ごとではない

「オーム真理教」に関する事件で、そこに関係した人たちの裁判が終わったという報道があった。十何人かの死刑が確定したという。私は、その事件にかかわったほとんどの人たちが若くて優秀で善良な人たちであったのに、なんで彼らがこんな事件をおこしてしまったのか、ということをずっと考えてきた。人の命を奪うということがどんなにいけないことで大変なことか分かっていたはずなのに、「教祖」に言われて「はい、そうですか」とやれてしまうことの不思議さ。そのときになって「それはおかしい」とか「まちがっている」「そんなことをしてはいけない」とか言う人はいなかったのか。やらなければ自分が殺されるとか、ひどい暴力を受けるなど脅かされてしかたなくやったようでもない。多少の疑問をもった人もあったようだが、それでもほとんど抵抗なしにむしろ積極的に「殺人」に荷担している。

ふと思うことがある。戦争の時って、人はどんな思いで「相手」を殺すのだろうかと。誰だって普通に考えれば命は大切にしなければと思うし、人を殺してはいけないと思う。道ばたで死にそうな人を見かけたらなんとか助けなければと思うのは、学校教育とか親のしつけ以前に人間がもっている自然の感情だと思う。それが、なんで戦争になるとそれがゆるされ、それが正しいとなってしまうのか。「戦争」と「オーム」の似ているのは、善良な人たちが、それが「正しい」と信じて人を殺してしまうことだ。

戦前の日本では、「国のために」「天皇のために」「アジアのために」・・・と多くの人が信じこまされ、武器を持って戦場へ向かった。人を殺して何が国のためなのか冷静に考えればわかりそうなものだが、多くの人はそれが正しいと信じ、ある人たちはおかしいと思いながらも世の中の流れに抵抗できずに、戦った。ごく一部の人たちがそのおかしさに声をあげたが、逆に罪に問われた。

オームの人たちも、自分の救いを「オーム」に見いだし、オームこそが正しいと思ったとき、人を殺すこともその人のためと信じこまされた。

違うところは、戦争では「負けた」側の一部の人を除いて、罪には問われないこと。いくら大統領が命令して「大量殺人」を犯しても、大統領は「死刑」にはならない。それどころか、平気で生きていられる。しかし、「オーム」では、逮捕され、直接かかわった人は「死刑」になる。この違いは何なのか。

常識とか、それは違うと思っていることが、指導者や世の中の流れによってどうにでも人は動かされてしまうことに、私たちは注意を払わなければならない。おかしいことがおかしいと言えなくなる世の中にすでになりつつあることを自覚しないと、オームのおかした間違い、戦前の間違いを、私たちは再びおかすことになる。オームの事件は人ごとではない、私たちのもう一つの姿なのだということを、知らなければと思う。


（２０１１／１２　２７１号）

わからないこと――Y議員が天皇に渡した手紙

どうもよくわからない。

議員のYさんが手紙を天皇にわたしたことで、とんでもないことをしたと周りが騒いでいる。Yさんまでも「反省」している。この世のしきたりはよく知らないが、手紙をわたすことの何がいけないのかと思ってしまう。手紙は人と人とのコミュニケーションの大事な手段のひとつ。それが、相手が天皇だとどうしていけないのか。天皇は人間ではないということか。畏れおおき存在と言うなら、誰がそんな存在にしてしまったんだろう。気楽に？　手紙をうけとった天皇に、「もらってはなりません」とおつきの人がその手紙を取り上げて天皇はそれを読んでいないという。なんという閉鎖的な社会だろう。人からの手紙も読めない天皇もかわいそうだ。

もう一つ、わからないことがある。

Yさんは、天皇にうったえたいことがあったというが、天皇に何を期待したのだろうか。天皇のことをどう思っていたのだろうか。私の知っているYさんは、天皇制についてはそれを否定する立場の人ではなかったかと思う。天皇が友だちで、手紙を渡したというならほほえましいが、どうも天皇に何かを期待していた。天皇の力を借りようとしていた感じがある。

かつて、田中正造が足尾鉱毒事件で天皇に直訴したことがあった。あれは、旧憲法下で天皇に主権があったから、それはよくわかる。しかし、今それはない。その天皇に何かをしてもらおうとしたら、それは天皇を権力的に利用しようということで、彼にとっては最もしたくないことではなかったのか。

こういう「事件」で怖いのは、天皇がただの人間ではなく、特別な存在であることを周りに意識づけてしまうこと。Ｙさんが天皇に手紙をわたしたことはやはりおかしいと、みんなが思わされているとしたら、それが怖い。

今、日本は戦前の状態に戻りつつあるような気がしてならない。しかもその速度はどんどん増している。日の丸・君が代が国旗・国歌として法制化されたとき、多くの人たちはそれが強制されるのではないかと心配した。当時の国会答弁は、「強制につながるものではない」ということだった。しかし、それから間もなく、学校現場にそれは強制され、さらにそれに反対する先生たちが何百人と処分されている。日の丸・君が代の善し悪しはともかく、それをおかしいと思う人間が社会的に排除される時代がきている。秘密保護法案も国会を通ろうとしている。自由に考えたり、ものを言ったり、伝えたりすることが処罰の対象となる時代が法的にも確立されようとしている。

かつて憲兵がその人の行動や言動をチェックし、正論を語る人たちを次々と捕まえていったように、今、また天皇の名を使って、弾圧を強めようというそういう世の中になりつつあるのかと思うと、心配でたまらない。


（２０１３／１２　２９３号）

津久井やまゆり殺傷事件の根底にあるもの

なんとも心痛む事件がおきてしまった。神奈川県の障害者支援施設「津久井やまゆり園」の殺傷事件はその元職員によって起こされた。その理由が「この人たちはあってはならない存在」。そう考えることだってゆるされないのに、その人たちの命まで奪ってしまうその行動に怒りを越えて深い悲しみを感じる。マスコミは、なんでこんな事件が起きたのかと問い、それを彼の問題としようとしている。しかし、この事件が、彼ひとりの問題として片付けられたらそれは全く違う。彼の言う「障害（児・者）」を「あってはならない存在」とする考え方は、彼だけが考えているわけではない。

就学相談にいけば「お子さんのためには支援学校に行かせなさい」。普通学級に入れば「お子さんのためには支援学校がいい」。区の福祉の窓口に何かをお願いしに行って子どもが支援学校に行っていないとわかると「なんで支援学校に行かせないんだ」と怒る担当者。（こんな上からもの言いの態度そのものが障害児親子を苦しめ、差別していることなのだが）本当は子どものためではなく、社会にとって障害があると困るから支援学校へ行って障害を少しでも軽くせよ（なくせ）ということを言っているのだ。（実際、支援学校に行って障害がなくなるなどということはない。でも、そこに行けば少しは障害が軽減されると思い込んでいる。）その根底にあるのは「障害はあってはならない」という考え方であることにお気づきだろうか。事件を起こした彼と同じ発想だ。

今の学校教育の分離教育の考え方の一つは「障害児がみんなといっしょにいるのは（先生・学校にとって）困る」ということ。もう一つは「少しでも障害を軽減して自立させる」ということ。

二つ目は、ある意味よいことのように思うが、これは、障害を否定することだということをしっかり見極めなければならない。今の教育はこの考え方が基本にあるのだから、極論すれば障害児・者の存在そのものを否定する人が出てくるのは不思議なことではない。教委の担当も、学校の先生も、福祉の担当も、皆同じ。出産前検診で胎児に異常が見つかると、90％以上の人が中絶してしまうという現実は、あまりにも悲しい。産まれる前なら命を奪ってよいのだろうか。

私たちが望んでいるのは「障害の軽減」ではなく、その子らしく生きること。実際にそういう子を産んで育てると、その子の存在がなんて素晴らしくて豊かであることを親も周りの人も教えられ、命の大切さが伝わってくる。なのに、こういう事件がおきてしまう。

やった彼を問題にするよりもまずそういう社会のあり方を問い直そう。障害があっても安心して豊かに暮らせる毎日を築き上げていきたい。さもないと、あってほしくはないが、同じような事件はまたおきる。命を大切にすることは、まずそこにいるひとりひとりのありのままの存在をみんなが大切にするところから始まるのではないだろうか。

（２０１６／９　３２４号）

高校生活を奪うことはその子の人生を奪う

津久井やまゆり園の事件が起きてから1ヶ月後、大阪で「障害児」の高校進学を実現する全国集会が開かれた。その分科会では、定員が満ちていないにもかかわらず、入学試験で落とされたという報告がされていた。全国的には、たくさんの「障害児」が、毎年のように定員内で不合格とされている。理由ははっきりとは言われないが、「障害児」は高校生活には適さないという偏見によることは確かだ。

品川区では、これまでも今も、たくさんの「障害児」が都立高校に合格し、楽しい高校生活を送っている。私の高校時代を思い出しても、どこまで物理や数学が分かったかと言えば、正直ほとんどわからずに過ごした。でも、高校生活は楽しかった。高校の学習についていけるかどうかと、高校生活に不適格であるということは、全く別のことである。いろいろな学び方があっていいし、いろいろな生活の仕方があっていい。その人がそこでどういう過ごし方をしようと、そのことで、たくさんの仲間といっしょに学校生活を送ったことが、人生に無駄になることはない。

しかし、現実に希望しているにもかかわらず、高校入学を拒まれている人たちがいるというのはどういうことか。その行為が、どれだけ希望に満ちた若者を傷つけ、排除し、その人生を奪っていることになるかということを、分かっているのだろうか。

津久井やまゆり事件でたくさんの障害者がその人生を絶たれた。それと同じことを、高校の校長や教委はやっているのではないか。希望に燃えた若い人の将来を絶つという。

最近、この事件の論評の中で、こんなことを書いている人がいた。

あの事件をおこした彼は、教員をめざしていた。そしてその父親も教員であった。ひょっとして、この事件をおこしたその発想は教育と関わりがあるのではないか、と。教育の世界の価値観がゆがんだ形で現れたのではないかと言うのだ。

私は、これを読んでどきっとした。

今、教育では、何が行われているか。

ゆとり教育によって落ちた学力を取り戻そうと、学校五日制をくずしても授業時間増やし、学力テストをして、子どもたちに点数をとらせることに必死になっている。そこでは、できる者の価値とできない者の価値がはっきり分けられ、できないことは人間としての価値も失いかねない、そういう雰囲気がつくられている。

学力のためにはと、少人数指導も導入された。少人数指導は、そのほとんどの学校で「習熟度別編成」で行われている。それが子どもたちのためと言うが、分けられた子どもたちは、自分が学校の中でどういう存在かを、しっかりわきまえさせられていく。

できないほうのクラスのある子が言った。「僕も上のクラスに行きたいよ」。できる方のクラスの子は口には出さないかも知れないが「あっちのクラスには行きたくない」と思っている。こんな小さいときから、子どもたちはできる、できないを意識させられ、自分の置かれたところを、その存在を、否定された思いで学校生活を送っている。

教育の場では、どんな人も大切な人であり、困っている人がいたら助け、みんなで支え合って生きていくことを教える場ではなかったのか。

しかし、現実は全く逆だ。教育の世界ほど、できないことを否定し、人と違うことをゆるさず、「障害者」をはじきだし、子どもたちに「勉強のできない人や障害児はあってはならない存在」としているところはない。

公共の機関で、スロープやエレベーター、点字ブロックなど、今、ないところはほとんどない。車いすで電車に乗ろうと思えば駅員がすぐにやってくる。

しかし、学校はどうだ。障害児がいればここにいてはいけないと言い、それでもそこにいようとすると、親に付き添えと言う。まさに、差別社会の典型がそこにある。そういう中で育った子どもたちが「障害者」に対してどういう感情を持つか。今回の事件の容疑者のような感情を持つことは決して不思議なことではない。

今回の事件の容疑者だけではなく、教育関係者の多くが、教育現場で、この事件の容疑者と同じことをしているということを自覚しなければならないだろう。

（2016／10　325号）

第8章

身の周りの出来事から

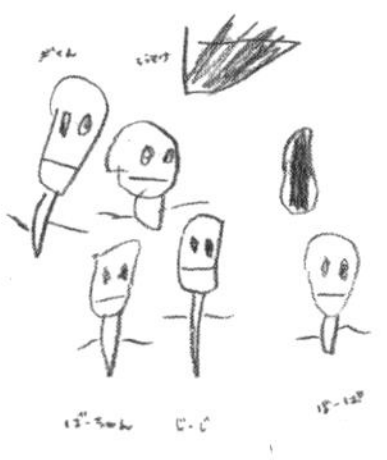

絵・北野晴《はる》さん

「上を向いて歩こう」は樺美智子さんへの歌だった

樺美智子さんを覚えているだろうか。1960年6月15日。まだ女子学生だった樺（かんば）さんは、国会前で22才の人生をとじた。当時、中学生になったばかりの私であったが、そのときのことは今も強烈に心に残っている。

その頃、安保反対運動が全国的にまきおこっていた。国会前には、連日デモ隊がおしよせ、機動隊との衝突を繰り返した。「アンポハンタイ」の声は、当時普及し始めた白黒テレビの画面から流れ、子どもたちは、「アンポハンタイ」と言いながら遊んでいた。

樺さんの死因は不明とされている。しかし、目撃者の話では、機動隊に撲殺されたという。

多くの国民の反対の声にもかかわらず、日米安保条約は結ばれた。

そして今、安保反対を言う人はほとんどいなくなった。安保を否定してはやっていけない（ほんとう？）世の中になって、かつての保守派も、革新派と言っていた政治家たちも、そのほとんどが「安保反対」とは言わなくなった。

もし、あのとき安保が結ばれなかったら、沖縄問題も原発問題も今とはちがう形になっていただろう。

普天間もオスプレイも、今の政府を責めても、政権が変わっても、安保がある以上、どうにもならない。

少し前、なんとなくテレビを見ていたら、永六輔と、社会活動をしている若手のシンガーソングライターが対談をしていた。そこで、そのシンガーが永六輔の作詞した「上を向いて歩こう」を歌うとき、永六輔がぽつりと言った。

「あの歌は、今まで誰にも言わなかったけど、実は樺美智子さんへの思いを書いた歌なんだ」。

永さんは、障害児を普通学校へ・全国連絡会の最初からの世話人でもある。全国連絡会に顔をだすことはほとんどないが、講演では、全国連の運動に関わる話にいつもふれているという。今でも活躍はしているが、体調は決してよくない。そんな永さんが、今までしまっておいたその話をあえてしたのは、若手のシンガーに自分の思いをたくすとともに、多くの人たちに安保の原点に帰れとうったえているように思えた。かつて何かの競技会に参加した永さんに、「日の丸」を手渡した人がいたという。永さんは、「私は日の丸のために走っているのではない」とその人にそっと日の丸を返したという。

60年安保から50年。多くの人たちが、世の中の動きに流され、これだけ多くの事件や事故があっても、原点にたちかえろうとはしない中、永さんはずっと同じ思いを持ち続けてきたのかなと、ふと思えたときだった。

♪上を向いて歩こう　涙がこぼれないように・・・　泣きながら歩く
ひとりぼっちの夜♪

（２０１２／１　２７２号）

清原と桑田、悪いのはどっち？

清原だ、ベッキーだと相変わらず誰かがマスコミの矢面にされている。何かに依存したり、誰かが好きになってしまったりということは誰にもある。それが社会的に、あるいは道義的に多少の問題はあったにしても、誰にでもおこりうることで、彼ら、彼女らを責め立てるあなたはいったいどうなのかと言いたくなってしまう。姦淫の罪を犯した女性がイエスキリストの前に連れて来られ、「この女を石で撃ち殺せ」と会衆が騒いでいたとき、イエスは言った。「あなたがたの中で罪を犯したことのない者がこの女に石を投げなさい」と。そう言われて、会衆は一人、二人とその場を去っていったという。

人は、心の隙間を埋めたいという思いからか、何かに依存してしまう弱さをもっている。それが、たばこであったり、酒であったり、ギャンブルであったりする。法に触れない範囲ならそれは警察につかまらないだろうが、それでも行き過ぎて、家族や周りの人たちに大変な思いをさせるという話は身近にもたくさんある。覚醒剤だけが問題ではない。

覚醒剤の場合は、その依存性の強さや体への影響の大きさから法的にも規制されているので、それが見つかった場合、問題にされるのはわからないでもないが、清原選手の場合など、それによって周りに莫大な損害を与えたとか、誰かを傷つけたとかいうわけでもないのに、ここまで問題にされるのを見ていて、かえって心が痛んでしまう。スポーツ選手を目指す純粋な子どもたちをがっかりさせたとかも言われているが、法に触れないまでも子どもたちの心をくじくような悪いことをやっているスポーツマンは他にいっぱいいるではないかと思ってしまう。

今回の清原選手のことで、対照的な形で登場しているのが桑田選手。心配して一生懸命清原にコンタクトをとっていたが、彼の方から関係を切ってきたと、良い子ぶって言っていた。何を言っているんだ。だいたい、清原選手がここまで追い込まれた大元は桑田にあったのではないのか。

覚醒剤はやってはいけないが、友だちを裏切るのはいいのか。巨人軍に入りたかった清原に隠して、自分は巨人軍と密約を結び、早稲田に行くと球界を騙してドラフト会議では単独指名で巨人入り。その巨人は、あの江川問題など、まさにスポーツマンシップに反するやり方でプロ野球界を黒い霧で包んできた。この方がよほど子どもたちに悪影響を及ぼす。ずるをしても勝てばいいんだと。

その巨人軍桑田が清原のことについて何を言っても説得力はない。その後仲良くなったように見えた二人だが、本当にそうだったのだろうか。桑田はあのときのことを清原に、あるいはファンに心からあやまったのだろうか。

人の心を傷つけることに比べたら、覚醒剤はまだゆるせると、私は思ってしまう。でも、清原選手、負けないで立ち直って欲しい。あなたは球界を代表するプロ野球選手であることは今も変わらないから。

（２０１６／３　３１９号）

絵の具を貸したほうがいいかどうかって、これが道徳？

道徳の授業が導入されたのは私が小学生の頃だったと思う。当時から、これは戦前の「愛国心」教育を支えた修身の復活ではないかということで問題になっていた。人としての大切なことを伝えるのは学校教育の大切な役目だと思うが、道徳の授業でそれをすることには私もずっと疑問を感じてきた。いじめをなくすために道徳を強化しようという考えもあるようだが、道徳を強化していじめがなくなるとも思えない。いじめは、受験体制や学力偏重から来る今の学校教育の仕組みや、それに対応しきれない先生たちの労働強化から生み出されるもので、そこが変わらなければ解決しない。いくら道徳教育を進めても、何も変わらない。

にも関わらず、道徳の教科化はどんどん進められている。あるテレビのニュースで、道徳の教科化に向けて、都内の道徳研究校がたくさんの参観者を招いて授業をしていたものが報道された。私は、ある集会でそのビデオを見せてもらってびっくりした。

テーマは「絵の具を忘れた子に絵の具を貸すか貸さないか」。忘れた子はもう3回も続けて絵の具をもってきてなくて、その子に貸すのは良いことか悪いことか子どもたちが話し合っている様子が映し出されていた。もう3回も忘れているのだから貸すのはその子のためにならないから貸さないという意見と、それでも貸すべきだという意見とあって、話し合いは盛り上がっていた。

授業の後では、道徳が教科化された場合、どういう意見を「評価」するかという議論が授業者と参観者たちの間で話し合われていたが、そんなこと、どうでもいい。貸したい子は貸せばいいし、貸したくない子は貸さなければいい。どっちが良いも悪いもない。

なんと上から目線の授業なのだろう。この子たちは、あるいは指導している先生たちは忘れ物をしたことがないのだろうか。そういうときは、どうしたのだろう。この授業でも、せめて忘れた子どもの立場で、どうやってその場をやりくりするか考えさせたら、少しは何かの役に立つかもしれない。貸してもらうまでしつこく要求する、自分の必要な色を奪いとる、仕方がないので別の色でごまかす、あきらめる、絵はかかない・・・。こっちのほうが、よほど「生きる力」を育てるような気がする。

道徳とは何なのか。忘れ物をしない良い子になって、困っている友だちを助ける子になりなさい、でも親切すぎてその子を甘やかしてはいけません。みんな仲良く、過ごしましょう・・・。結局は、上に立つ者にとって都合のよい世の中にするためのもの。

３回も続けて忘れ物をする子の家庭の状況も、その子自身の性格も含めた内面も何も見ようとも考えようともしない「いい子」を作り出す。「いい子」は先生の言うことをよく聞く。上から言われたことには逆らわない。国が決めたことにも逆らわない。そういう人間を育てることが、道徳の教科化のねらいかと思ってしまう。変わった子」「はみだしっ子」の存在はますます危なくなってくる

（２０１６／４　３２０号）

「置いていかれたりすさん」をどう読む（道徳パート2）

「わたしたちの道徳」という、道徳の授業の副読本がある。その低学年向けの本の中に「およげないりすさん」という話がある。4月のコラムで紹介した道徳の教科化問題関連の研究会で、この話についても問題提起がされた。池のほとりで遊んでいた鳥や亀やりすたちが、池の中の島に行こうということになって、りすも行きたかったのだが、他のみんなは、「りすさんは泳げないからだめ」と、仲間はずれにしてしまう。しかし、りすさんを置いていったみんなは、島で遊んでいてもおもしろくなく、次の日、りすさんにあやまって、亀さんの背中に乗せてりすさんを連れていき、楽しく遊んだという、そういう話である。

この話をどう教えるか。そのときの研究会での話では、りすさんを置いていったところで中断し（先は読まないで）子どもたちにどうするか考えさせるとか、りすさんを置いていって楽しくないと感じた時点で中断して、そこで考えさせるとか、いろいろ授業してみたという。まじめな教員たちが、押しつけの道徳はおかしい（道徳の教科化はおかしい）という視点で、この教材を批判的に取り上げ、押しつけではない自由な発想をさせたいと努力している様子はよく伝わってきた。でもそれだけでいいのだろうか。

このコラムを読んでいる方は、この話をどう思われるだろうか。

私はと言えば、りすさんの姿が、地域の学校に入りたいと言っても入れさせてもらえない、行事に参加したいと言っても置いて行かれる子どもの姿とダブってしまう。だから、「りすがいなくておもしろくないなんて嘘だ。」「次の日にあやまって仲間に入れてあげたなんて嘘だ」と、思えてくる。「教育委員会の人や、先生たちは、この子は泳げないから（勉強ができないから）連れていかないと言いました。そしてその子をおいてきぼりにして学校で楽しく過ごしました。次の日、その子がどうしても連れていってというので連れていってあげました。でも、その子は泳げないし、やることも遅いので、迷惑だから出て行ってと言いました。その子は、しくしく泣きながら出ていきました。その子がいなくなって、みんなは楽しく平和に過ごしていました。めでたし、めでたし。」これが現実の話だ。

お話の世界でどんなに良い子であっても、それは、架空の話でしかない。「いじめはやめよう「仲間外れはよそう」「困っている人を助けよう」と口では簡単に言えるが、それを教える大人たちが、平気で差別をする。

前回の絵の具を貸す話のように、この話も、かわいそうなりすさんを助けてあげようという、上から目線の話なのだ。泳げないりすの視点に立って、仲間がひとりいなくても平気で遊んでいる人たちを見ているりすの気持ちを、どこまで共有できるかが問われている。「道徳」という『授業』でそれができるのだろうか。

（２０１６／６　３２２号）

「優しさ」とは？

子どもたちに漢字を教えるときは、できるだけその漢字の成り立ちから教えるようにしている。ちょっとしたクイズ形式で絵を描いて、この絵がどんな漢字になるかをあてっこするのだが、子どもたちはけっこう喜んで授業をうける。こういう学習を続けているとこっちが言いもしないのに、漢字のことをいろいろ調べる子どもたちがでてきたりしておもしろい。私よりもずっとくわしく漢字のことを知っている子も現れて、「先生、ちがうよ」「あ、そうか、ごめんごめん。」などという会話が授業中にとびかうこともよくあり、おたがいに高めあって？ いる。

そんなことをしているあるとき、ひとりの女の子が自分の名前の成り立ちを知りたいと言って来た。その子の名前に使われている「優」の字のもとは何かというのだ。私も興味があって、調べてみた。「イ」はにんべんで「人」を表している。じゃあ、右のつくりはどうかなと思ってよく見たら「憂い」という字だ。なんで「イ」に「憂い」で「優」なんだ！

調べていくうちに、「優」には3つの意味があることがわかった。一つは、「役者」。俳優の「優」だ。これは（悲しくなくても）悲しさを演じることができるのが「役者」ということなのだそうだ。そして、その悲しさを上手に演じることができる役者ほど「優れている」ということで、「優」には優れているという意味もある。そしてもう一つは「優しい」。何気なくつかってきた「優しい」という表現、実は悲しい（悲しんでいる）人が「優しい人」なのだ。

さらに「憂」について調べた。上の「𦣻」はおうがい（頁）。下の二つの点は省略されているが人の顔を現している。しかもこの場合この顔は泣いている顔だという。そして下の「夊」は愛。人の体（手と足）の中央に「心」がある。心をもっている人が「愛の人」ということ。

じゃあ、なんで「愛」が悲しいんだ、と考えた。

わかった。そう、愛するということは悲しいことなんだ。人の悲しみを自分の悲しみとして受け入れることができる、その人といっしょに涙を流せる、それが愛なんだ。そして、そのように人の悲しみを受け止めることができる人が、優しい人なんだ。

去年は、私たちの周りでたくさんの人が亡くなった。東日本の大震災もあった。そして原発事故。悲しいことばかりだった。それだけではない。私たちの周りにも、悲しみ、苦しんでいる人が（この会との関係でも）たくさんいる。

力の弱い私たちにできることはほとんどない。けれど、悲しみや苦しみ、悩みを共有していける私たちであったらと思う。

（２０１２／２　２７２号）

「遅刻しても笑顔で行ける学校だ」

表題の言葉は、品川区の教育委員会がやっている「人権ポスター展」に出されたある学校の5年生の作品。実は、この作品、一度学校に戻されている。「本当にこの作品でいいのかということらしい。意識ある先生たちの多かったこの学校では、「問題ない」と再提出したそうだ。

私は、約束の時間などは守る方だと自分では思っているが、職場（学校）に行くのにたま（?）に遅刻することがある。子どもを保育園につれて行くときにトラブったとか、自転車が突然故障したとか、学校に着いて職員室に入る前に子どもに話しかけられてしゃべっていたとか。

たまたまそういうことが重なって、続けて遅れたことがあった。さっそく校長に呼び出されて注意を受けた。そのとき校長から言われたことが「君は遅刻してくる子どもにどう指導するんだ。」そこで私は答えた。「ああ、よく学校に来たね。よかったよ。と言います。」と。「一般の企業じゃそんなことはゆるされんぞ」と校長。「ここは企業ではありません。学校です。」と私。

確かに人との約束は大切にしたい。だからできるだけ時間は守りたい。しかし、だからといって1分、2分の遅れに気をとられ、その子（人）の状況を考える余裕がないのは悲しい。

このような標語が受け入れられる学校でありたい。やっとの思いで学校に来ている子ども（人）もいるのだから。

（1997／3　110号）

第9章

命・心・生きる・・・

絵・北野快羽《よしは》さん

オレは今、ここにいないかもしれない・・・

「すごく嫌。自分の時代にあったらオレは今、ここにいないかもしれないから」。出生前診断についてこう話すのは27才のダウン症の男性。この男性のことが3月の読売新聞に紹介された。ケーキの店で働いているという。

どきっとさせられる言葉である。生まれる前にその命が閉ざされてしまう可能性をもった出生前診断。それは、今、現実に生きている人の存在をも「生まれてきてはいけなかった命」として否定することにつながる恐ろしいものだと思う。それが、この4月から昭和大学病院で始まった。

毎日新聞の4月24日夕刊1面にはすでに始まった診断とそれを受け止める3組の夫婦の生の声が掲載されていた。結果は3組とも「陰性」だったが、それとわかるまでの3組の夫婦の思いを読んで、これでよいのだろうかという気持ちにさせられた。

ある夫婦は、もしダウン症と診断されたらどうしようと考え続け、初めは「心配」だったが、おなかの中の子どもへの思いが強まり、陽性でも受け止めようという気持ちになったという。

もう一つの夫婦は、二人の間で考えが違っていた。夫はダウン症でもしっかり生きていけると思い、妻は自分たちの年令を考えると、大きくなるまで育てられるかと中絶を考え、夫をどう説得しようかと悩んだという。

あと一つの夫婦は、「陽性」なら産まないと決めていた。「生まれてきた子が本当に幸せなのか分からない」と。

確かに、この世の中は「障害者」や「弱者」とよばれている人たちには生きにくいかもしれない。しかし、だから生まれてこない方が幸せなのかといえば、そうではない。その人が幸せかどうかは周りが勝手に決めることではない。「弱者」が生きにくい世の中は「健常」と言われる人だって生きにくい。毎年何万人もの自殺者がでるというこの時代に、だれが不幸でだれが幸せかなんて、他人が判断できることではないし、勝手にそう決めつけて命を奪う権利もない。

私の周りにいる人たちは、ときに大変な思いをしながらも、そういう大変さも含めて、幸せな生き方をしている。

出生前診断をなぜする必要があるのだろうかと改めて疑問に思う。昭和大学病院では（その記事の時点で）すでに50組の夫婦が受けたという。先の3組の夫婦のように、その結果に左右され、子どもの命を奪うことも正当化されてしまうことが恐ろしい。繰り返して言うが、生まれてきてはいけない命はない。

診断の結果「陽性」と出たら、その20数年後に元気に生きているはずの人が「オレ、ここにいないかもしれない」ということになってしまう。今、つきあい始めた私の仲間たちもここにいないかもしれない、と思ったらなんと悲しいことだろう。生まれてきてくれて良かったなあと、つくづく思う。

（2013／6　287号）

生まれてくる子どもたちがそう言いましたか？

「月刊むすぶ」という本がある。１９７０年から出されている月刊誌で、「月刊地域闘争」という名前だったものを途中で「月刊むすぶ」にかえて今にいたる。公害、人権などの住民運動をとりあげ、新聞にはのらないような、現場で闘っている人たちの声をのせている。四方（しかた）さとしさんという方が財政的には厳しい中で、おしやられた人たちの小さい声を届けようと、一人で取材して歩き、編集し、必死で発行し続けている。中味はすごく濃くて充実し、考えさせられる記事がたくさんある。

その「月刊むすぶ」の今年の7月号に「原発は障害者を幸せにしません」という脳性まひの古井さんという方の原稿が載っていた。原発事故によって人体に及ぼす影響が大きいこと、そのことから「障害」児が生まれることが強調されることで「障害」への恐怖が（「障害」児は生まれてはいけない、「障害」はあってはならないという）「優生思想」につながる怖さを語っている。その上で彼女は「命の選択はすべきではない」とし、「苦痛と恐怖は誰が感じているのか？　目を覆いたくなる不幸とは？　生まれることが不幸な人生とは？　考えてみてください。それは誰が感じていることですか？　生まれてくる子どもたちがそう言いましたか？」と書いている。

少し前まで「花子とアン」というNHKの朝の連続ドラマが放映されていた。朝ドラなど見たことのない私だったが、興味があって、（その時間は見られないので）録画して最後まで見てしまった。そのなかで花子の子ども「あゆむ」が亡くなるのだが、亡くなる前にあゆむがしゃべる場面が出てくる。花子があゆむを自分が産んだことを悔やんでいたときに、夫が「そうじゃない。あゆむは亡くなる前にこういうことを言っていたんだよ」とそれを話して聞かせるのだ。

「神様と雲の間から見ていたんだ。そしたらお母ちゃんが見えたの。お母ちゃん、英語のご本を読んだり、紙にお話を書いたり忙しそうだったよ。でも、楽しそうだった。だから神様にたのんだの。ぼくは、あの女の人のところに行きたいですって。」

たまたまラジオを聞いていたら、この脚本を書いた中園という人が出ていて、この言葉はあゆむ君が教会の牧師に本当に話した言葉だったと言っていた。どこまであゆむの言葉を信じて良いかはわからない。ただ人は、生まれる前のことを小さいときは記憶に残しているという話をきいたことはある。生まれてくる命は、自分はこの世に生まれたい、父母の所へ行きたい、という希望をもって、胎内にいるのだ。その命を親が絶っていいはずはない。

古井さんが産まれたとき、悲観した母親は無理心中を図ったという。

「私は九死に一生を得て生まれました。（中略）しかし、私の人生に恐怖はありません。楽しいのです。私は生まれることが不幸な人生などないと信じています。」と古井さんは結んでいる。

（2014／12　305号）

「出生前診断」は大切な出会いを奪うことに・・・

「今の時代に、障害をもった子が生まれたらかわいそうだ」という言い方をはよく聞く。今の社会では、「障害」をもった人は生きにくく、だから生まれてこない方がよいというのだ。とんでもない。悪いのは「障害」ではなく、「障害」者を生きにくくさせている今の社会だ。そんなことで小さい命を奪っていいはずはない。

最近、出生前診断の技術があがって、胎児の「障害」の状況もかなりの高い確率でわかるようになったという報道があった。しかも、国立の医療センターでそれを導入するという。もし、その検査で親が自分のおなかの中の子に「障害」があるとわかったら、その親はどう思うだろうか。

実際に子どもを生んで、その子に「障害」があるとわかったとき、多くの親は心を痛める。そして、子どもの将来に不安を抱く。子どもを育てる自信ももてない。しかし、私の知っている多くの親たちは、そういう子たちと向き合い、一生懸命育て、何よりも子どもを愛し、大事にしている。

元スピードのメンバーで歌手の今井絵里子さんは、子どもが難聴だったとわかったとき、たくさんの涙を流したという。でも、今井さんがその子の前で歌ったときに、聞こえないはずのその子が喜んだのを見て、聞こえなくても心が通じることを知り、その子といっしょに生きる決意をする。

知的障害の子どもをもつある方は、その子と向き合う中で、能力といわれるものよりもっと大切な人のやさしさや在り方を知り、自分の生き方もかえられて、その子が生まれてくれてほんとうによかったと思えると言っていた。

生まれてこなくてよかった、などという命は一つもない。

金とものばかりが大事にされ、そのために必要とされる「能力」ばかりが主張される今の時代だからこそ、人として大切なものをもう一度みなおさなければならない。「障害」に限らず、弱い立場の人、虐げられている人たちが安心して生きられる世の中にしなければと思う。だからこそ、出会いが必要だと思う。出会いが人を変える。「障害」のある子と出会って母親が変えられたように、いろいろな人たちが出会い、お互いを大切にしていっしょに生きていこうと思うところから、世の中は少しずつ変わる。

出生前診断を何のためにするのか、さっぱりわからない。「障害」の可能性があると言われた親は、いくら理屈で、命を大切にとか、「障害」があっても否定的にみてはいけませんとか言われても、それを冷静に受け止める心の余裕はもちにくい。生まれてもいないその子に、不安を抱くのはある意味当然であり、その結果、大切な出会いのチャンスを奪うことにもなりかねない。

誰も、生まれてくる子の命を奪う権利はない。「障害」を見つけ出すための出生前診断などはするべきではないと思う。

（２０１３／１　２８３号）

「被災地の人は弱気になっちゃだめですか？」

2月のある深夜、ＦＭ放送を聞いていたらこんな視聴者の声が流れていた。

「東日本大震災で、大切な祖母と親友を津波で亡くしました。同じクラスには、家をなくした友だちや家族がまだ見つからない友だちがいます。みんなつらいはずなのに、明るく笑いながらすごしています。父は地元で大工をしていて、癌の手術をしたばかりの母も手伝って毎日夜遅くまで働いています。友だちも家族ももちろん他の人たちもそれぞれの立場でよくがんばっていると思います。でも、町中にはってある『がんばろう』のポスターや復興のためにと繰り返すテレビを見ても力がわいてきません。中には逃げたい人もいると思うんです。被災地の人は弱気になっちゃだめですか？　弱気な気持ちはどうすればいいですか。『復興、復興』うるさいです。」

私が小さかった頃、私の育った町は、当時空襲の跡の焼け野原だった。私は、それを当たり前の風景と思って、その焼け跡の町を走り回って遊んでいた。私の机の上に終戦直後の戸越公園駅の付近の写真がある。どこに道があるかもわからない。私には、この写真と東日本大震災の被害の様子が重なって見える。人々は、そこらにある焼け残った木材やトタンを集めてバラックを建てて暮らしていた。私の家も田舎から持ってきた材木で3日で建てたという。シロアリが食いつくしたぼろぼろの柱、真っ黒なはり、屋根には杉皮がはってあり、雨のたびにひどい雨漏りがした。便所も家の中にはなかった。空襲とは直接関係ないが、電気器具といえば、裸電球と、たたくと音の出るラジオぐらい。水道はあったが、ガスはきていなくて、ご飯はまきで炊いていた。ストーブもなく、火鉢に炭を入れて暖をとった。それが普通だったし、幼かったからかも知れないが、それで不便だと思ったことはなかった。

父や母の話では、当時は、食べるものもなく、生きるのに必死だったという。その話しぶりから、生きる大変さは伝わってくるが、復興、復興と力を入れたとか、がんばってきたという感じはない。そういう中を一生懸命生きてきたことを懐かしく、楽しく語っているようにさえ思う。

「がんばる」という言葉はきらいだと、使わない人がいる。私も、人を励ましたい気持ちを伝えるのに適当な言葉がみつからないときは「がんばろう」と言うことはよくあるが、あまり使いたくはない。「がんばらなくていいんだよ。そのままでいいんだよ」という思いを大切にしたい。

「被災地の人は弱気になっちゃだめですか？」。そんなことはないと思う。家族や友人を失った悲しみはどれほどかと思う。つらいときはつらい。人は、そんなに強くなれない。「がんばる障害者」が美談としてよく話されるが、がんばらない障害者がいるのが普通だし、障害者だけががんばらなければいけないなんておかしい。それと同じだ。

被災者も「障害者」も「普通」の人も、まずはありのままの自分を大切にしないとくたびれる。「そのうちなんとかなるだろう」でもよいのでは・・・。

（2012／3　274号）

原発被害の「怒り」は誰に？

地震、台風、津波、洪水、あらゆる災害を想定して絶対大丈夫という場所に丈夫な家を建て、これで明日からは何の心配もなく生きていけるかというとそうではない。突然何かの病気になって倒れたり、外に出たら車がぶつかってきたり、私たちは、常に明日どうなるかもわからないところで生きている。そうあってはほしくないと思っていても、仮に「あなたの命はあと1週間です」と言われたら、つらくてもそれはそれで受け止めなければならないのが人生だ。今回の震災もどこかで受け止めていかなければならないのだろうと思う。

しかし、どうしても受け止められないものがある。それが原発災害だ。

今回の原発事故で、避難を余儀なくされた方々が、東電の社長や、政府に向かって怒りの声をあげている。住むところも仕事も奪われ、いつ元の生活に戻れるかわからない状況の中で、その大変さ、つらさの中で怒るのは当然だ。

でも、事態はもっと深刻だ。報道はあまりされていないが、福島で本格的な核爆発がおきればはるかにたくさんの人が亡くなり、しかもそこからでた放射能が日本列島も海も汚染し、何百キロという範囲で人は住めなくなる。食べるものもなくなり、爆発では死ななかった人たちも、「原爆症」で次々と倒れていく。その危険は今も続いている。正直、私は心配でたまらない。なぜこんなことになったのか。人の手には負えないものを人間が作りだしてしまったからだと思う。

すべての物は原子からできている。原子は、核とその周りを回る電子でできている。原子力というのは、その原子の中にある核に何かの力を加えて核を分裂させた際にでる莫大なエネルギーを利用したもの。一つの核が分裂するとその周りの原子の核が次々と連鎖して分裂し、核爆発となる。原発は、その連鎖を制御しながら少しずつのエネルギーを利用するというのだが、制御がきかなくなれば核爆弾と同じだ。しかもここから出される放射能を、だれもどうすることもできない。日本にも原発の数だけ核爆弾がおかれていることになる。

電力が足りなくても不便はあるが、命に即危険はない。しかし、原発は地球に死をもたらす。

怒りをぶつけるとしたら、こんなものを誰がもちこんだのかというところにさかのぼらなければならない。そして、今も平然と動いてる原発。それを黙認している人たちに対して「こんなものやめて！」の怒りを、と思う。

当局が今回の事故で「想定外」というのは大うそで、多くの科学者や市民がその危険性を想定、指摘してきた。原発推進の人たちは「原発建設に都合の悪いことは想定しない」で「安全」と勝手に宣言し、原発を作り続けてきた。それが福島の事故につながった。それは福島にとどまらず、どこでもおこりうるのだ。私たちの安全をだれも保障できないように、原発の安全も誰も保障できない。「電力が」などと言っている場合ではないと思うのだが・・・。

（２０１１／５　２６５号）

「こうなるって誰にも分からなかったの?」

「渚にて」という映画を観た。1959年の映画で、主演はグレゴリー・ペック。あの「ローマの休日」のオードリヘップバーンの相手役の記者をやった人。核戦争後の生き残った人たちの生き様が描かれている。このテーマ音楽は、どこかで聞いたことがあるという人は多いと思う。私もこの曲はよく知っていたし、映画の内容も知ってはいたが、観たのは初めてだった。

場面は1964年。核戦争で北半球は壊滅状態。核の攻撃を直接受けなかった南半球の人たちも放射能汚染の驚異にさらされている。

潜水艦に乗っていた(主演の)艦長は難を逃れるが、アメリカにいた妻、子どもたちをみな亡くしてしまった。オーストラリアにいた若い軍人とその妻は生まれたばかりの子どもを間に、これから自分たちがどう生きていくか(死んでいくか)、葛藤している。「薬を飲んで死のう」と若い軍人は妻に言う。「この子はどうするの」と妻は叫ぶ。その子だってどうせ生きられないんだと彼は大声を出す。

どうせ死ぬと投げやりになる人、まだ助かる見込みはあると希望的な観測をする人。宗教団体が町の中で集会をし、「兄弟よ、時間はまだある」と元気のいい賛美歌を奏でて呼びかける。南半球の人たちが助かるかどうかかすかな希望をいだいて調査をしても、結果はノー。そんなとき、廃墟の町から謎の信号が出ていることから潜水艦が調査にいく。その場面での現場に近づく人が着ているのは防護服。福島の事故で作業や調査をしている情景とそっくりだ。その信号は風のいたずらだとわかるのだが・・・。

そんな中で潜水艦の艦長はひとりのオーストラリアの女性と恋をする。その頃には、周りの人たちはばたばたと放射能の影響で死んでいく。潜水艦の乗組員たちは、自分たちの死を覚悟し、どうせ死ぬなら生まれ故郷でと、北半球に潜水艦で向かうことを希望する。艦長はそれを受け入れ、潜水艦は北半球へ出航する。その姿を「渚」で見送る艦長の恋人の女性。

やがて、町にはだれもいなくなり、集会が開かれていた通りには、集会のちらしや横断幕が風に吹かれている。

50年以上も前につくられた映画である。核戦争と原発事故という違いはあるが、実に状況がよくにていてびっくりする。福島原発の周りはまさに「渚にて」になっている。

艦長と恋人が話している場面が一番印象に残った。恋人が言う。「こうなるって誰にも分からなかったの？」艦長が答える。「分かっていたさ」。

今の福島が、いつ「日本全国」になるのか、「地球規模」になるのか。原子という物体のおおもとの「核」を壊すということが、莫大なエネルギーとひきかえに「放射線」という目に見えない巨大モンスターをうみだす。それはとても人の手におえるものではない。

果たして今、みんなわかっているのだろうか。

（２０１１／９　２６８号）

「私は普通の子を産めますか？」は何が問題？

昨年3月の原発事故のあと、「私は普通の子を産めますか」という少女の発言が話題になった。放射能の影響を心配して少女がそう思うことは、原発事故が人々に与えた不安を考えれば、理解できないわけではない。しかし、この少女の言葉に、「そうだね、本当だね」とは言えない。それは、「それでは普通じゃない子（人）は、生まれてはいけない」ということになってしまうから。

「普通」とは何かということも考えなければいけないが、どんな子ども（人）であれ、生まれてきてはいけない命はない。そして、「障害」があるとか「五体不満足」と言われる子（人）だって、あたりまえにひとりの人であり、「健常」とか「障害」とか区別することなく、自然にみんなでいっしょに生きていくことができたらそれで良いのだ。

残念ながら、今の世の中は、「障害」があったり、周りと少し違っていたり、生まれた場所や人種、民族が違うだけで、生きにくくされている人たちがたくさんいる。問題なのは、「障害」をかかえたり、周りと違った存在で生まれてきたりすることではなくて、そういう人たちが受け入れられない、差別される世の中のほうだ。

だから、「普通」の子が産めなくなるから、原発はよくないという言い方はしてはいけないと思う。「原発」と言うよりも「核（分裂）」そのものがあってはならないこととしてこの問題に目を向けなければならない。

地球上の生き物は、「連鎖」という輪の中で生きている。生き物が残したものは、必ず次の生き物に引き継がれる。たとえば、うんちは土に入って分解され、それが植物を育て、それが動物の食物となり、またうんちとなる。動物が死ねば、それは他の動物の食物となったり、土になって養分になったりして、次の命を育む。そうやって地球上の生物は食べたり食べられたりしながら命をつないでいる。

原子力（核）のエネルギーは、その連鎖を破る最悪のものだ。たとえ、今回のような事故がおきなくても、その廃棄物はたまる一方で、さらに確実に地球を汚染し、次の命につながらないどころか命を脅かす存在になっている。まして、事故がおきたり、核爆弾として使われたりしたら、一気に巨大モンスターになり、人の手にはおえない代物となって、地球上の生命を滅ぼす。今回の原発事故が、まさにそれを示した。

これほどの原発事故を体験しても、まだ、原発は必要かとか、この少女の発言をもとに、だから原発はこわいとか、誰かの責任がどうとか、国のその後の対応（確かにそういうことも大事ではあるが）がまずいとかを問題にして、事故によって示された問題の本質が語られず、曖昧にされていることが気になってならない。必ず、再び事故はおき、誰も地球には住めなくなるということを、自覚しなくてはならないのに。

（２０１２／２　２７３号）

「あなたが生まれてきて良かった」と言える世の中に

昨年一一月一八日に開かれた茨城県総合教育会議で、県教育委員の長谷川智恵子氏は、特別支援学校二校の視察に触れ、「妊娠初期に障害の有無が分かるようにできないのか。特別支援学校には多くの方が従事し、県としては大変な予算と思う」「生まれてきてからでは大変」「減らしていける方向になったらいい」と発言した。またその場にいた橋本茨城県知事も「産むかどうかの判断の機会を得られるのは悪いことではない」と発言を「問題ない」とした。この発言に、全国から抗議が殺到、長谷川氏は結局委員を辞任、橋本知事も「問題ない」という発言を撤回した。

この長谷川氏の発想は、特別支援学校の予算がかかりすぎることから、障害児が減れば予算も少なくてすむという、子どもの命とお金のどちらが大切かというきわめて基本的なことが抜けている。しかもそれが「障害」児なら生まれてこなくてよいという「障害」児・者の存在を否定するものになっている。

ここで気になるのは、発言した長谷川氏のこともそうであるが、その発言を擁護した知事のことだ。橋本知事は、長谷川氏の発言についてその場では何も感じていなかった。知事ともあろう人が、長谷川氏の差別的発言に何も疑問を感じなかった。もっと言えば、その場にいたどれほどの人が、あるいは、そういった話を聞いた人のどれだけが、その発言をおかしいと感じたのか。

今回の教育委員の発言がこれだけ大きく取り上げられたことはよかったとは思うが、この問題はとりあげられて、学校でおきる差別事件のほとんどが問題にされないことには、ものすごいいらだちを感じている。確かに「発言」は問題であるが、「実際」に、就学を拒否されたり、宿泊行事に参加させられない子どもたち、付き添いを強要される親たちのことはどうなのだろうか。

現実に出生前診断なるものが技術を高め、生まれるはずの命が絶たれてしまうケースは増えている。その子が生まれ、育って、大変な思いもするけれど、「この子が生まれてきて良かった」と、私の出会った多くの親たちは感じている。ただその子が生まれる前に、この子が生まれたらどうなるかと不安を感じる多くの親がいるのも事実だ。

障害があってもなくても、当たり前に生き合える世の中でありたい。この子が生まれたら苦労するのではと、心配させるようであってはいけない。「あなたが生まれてきて良かった」と誰もが自然に言える世の中にしなくてはいけない。

先の二人、委員をやめたり、発言を撤回したりすればすむという問題ではない。もっとやることはあるだろう。みんなが地域の学校に通うようになったら、教育予算はずっと少なくてすむ。普通学校での人手も確保できる。ちょっとした工夫と努力で分けない教育は実現できる。どの子にも保証される学校教育を実現することこそが必要なことだと思う。

（２０１６／２　３１８号）

おわりに

品川・地域で共に生きる会の会報「つうしん」に、「片桐さん、コラムを載せてみないかい」と記事を書いて話をもちかけてきたのは、今は亡き倉林邦利さんであった。倉林さんは、品川区内で、「障害」があっても誰もが地域で共に生きようと、「なまずの家」を始めた一人であり、私たちの会を支える一人でもあった。また、現在行われている地域イベント、地域活動、グループホームなどの言い出しっぺになった人でもあった。

1994年6月2日発行「つうしん」79号には、その倉林さんの書いたコラムが載っている。しかし、彼が書いたコラムが載ったのはこの1度だけであった。それ以後20年余りは、なぜか私が書いてきた。

毎月書くのはけっこう大変のようだが、タネには尽きなかった。

特に、毎日のように届けられるメールや電話での相談で、学校、先生の姿勢、教育委員会の対応には、胸が痛み、原稿にその思いをぶつけた。自分が教員であって、教員を批判するというのは変な感じもするが、「ゆるせない」という思いが募った。なんで、子どものできないところばかりに目を向けるのか、子どもはできないのが当たり前であり、それを育てるのが教育の役目ではなかったのかと、強く感じてきた。

世の中の事件と、それを報道するマスコミも気になった。学生の頃から、科学教育を学ぶ中で、みんなが「正しい」と言うときには「ほんとうにそうか」と疑ってかかれ、ということを考えてきた。新聞やテレビで騒がれるような事件などでは、そんな視点から自分の思いを書いた。

いじめとは何か、差別とは何かということもずっと考えてきた。ヘイトスピーチが問題となり、ハラスメントが問題となる中で、学校では「障害」児に対しての「差別」が平然とされている。そして、ほとんど問題にならない。そんないらいらも文章にした。

「つうしん」の読者の方から、「これは本にしないんですか」「早くつくってくださいよ」という声がいくつかあって、そんな言葉に励まされ、今回、思い切ってまとめてみた。20何年か分のコラムから、これはぜひ伝えたいというものを選び出し、テーマ別に並べ替えた。できたらひとつのコラムを見開きにしたいということで、字数や行替えを調整し、さらに文章も一部手直しさせてもらった。

この本の題名「普通学級で障害児と共に生きる」は千書房の千田さん、お連れ合いの青海さんにアドバイスをいただいた。コラムなので題名と内容が必ずしも一致していないような気もするが、よく読んでいただけると、その思いは伝わるのではないかと思う。

「はじめに」に書いた、のぶちゃんのこと、また普通学級で私がかかわってきた様々な子どもたちのことは、前著「障害があるからこそ普通学級がいい」（千書房）に書かれているのでお読みでない方はぜひ読んでいただけたらと思う。

この本のカットは、知り合いの子どもたちにかいてもらったものを使わせていただいた。

千書房の千田さんには、本の形になるまでのすべてをやっていただいた。忙しい中、まとめていただいて、感謝の思いでいっぱいである。また、品川・地域で共に生きる会の代表高岡博さんほか、会の皆さんには、30年にわたって、共に歩んできてくださった。このコラム集はその歩みの中で生まれたものであることを思い、深く感謝したい。

２０１７年８月　片桐健司

「障害児を普通学校へ・全国連絡会」とは

一九八一年八月〝障害児が普通に学校に行けるように〟を共通の願いとして、会員相互のネットワークづくりと情報の共有を目的に結成されました。

「共に生きる」という言葉はよく知られてきましたが、障害を持つ子が普通学校に通うことには、まだまだ多くの困難があります。また、子どもたちにとって普通学校は、生きやすい場ではなく、たくさんの問題が山積みされています。

しかし、障害を持つ子どもたちも、それぞれの地域でみんなといっしょに学び、育つことが、もっとも望ましい姿であることは、いうまでもありません。

障害のあるなしにかかわらず、ともに生き、ともに育っていく差別のない社会をつくるために、私たちは多くのみなさんに参加を呼びかけます。

障害があっても普通学校へ行きたい、通わせたいという本人と親の思いに共感する全国のみなさんが、一人でも多くこの運動を強め、広げる仲間になってくだされば幸いです。

みなさんの入会をお待ちしています。

会の目的

★すべての子どもに差別のない生活と教育を保障するために、障害児を地域の普通学校に入れること。

★就学先の決定に際しては、すくなくとも本人と親・保護者の希望を最優先させること。

★普通学級在籍児の特殊学級や養護学校への転籍を強制させないこと。

★特殊教育諸学校（盲・聾《ろう》・養護学校）、学級から普通学校、学級への転籍の希望を認めさせること。

★これらの実現にむけて、全国の障害児とその保護者、賛同する人たちと連絡を取り合い、励まし合い、支え合うことを共通の目的とします。

会の組織と運営

★この会は個人加入を原則とし、「会員」と「賛助会員」によって構成されます。

★会の全体的運営は世話人会にもはかりながら運営委員会がおこない、事務局を中心に実行にあたります。

★会員が地域に、会の目的に沿った活動組織をつくることを望みます。

★この会の財政は会費、賛助会費、および寄付金、事業収益によってまかなわれます。

会の活動

★会の目的に沿った、一人ひとりの会員の自由な活動が基本になります。

★それぞれの会員が、違いにこだわらず、生き生きと支え合うつながりをつくっていきます。やむを得ず特殊教育を選択する人たちとも手をむすんでいきます。

★会員どうしだけではなく、さらには会員でない方や、他のグループとも協力して活動を広げ、強めます。

★全国の情報を集めまた交換し、交流するなかで、悩みや疑問を分かち合い、支えあっていきます。【会報（年10回程度）の発行、電話や手紙での相談への対応と、障害児ホットラインの開催（年2〜3回）】

★会の目的達成に重要だと思われる課題については、他団体との協力を含め、全国規模の活動をおこないます。【文部科学省および教育委員会との交渉、全国交流集会（隔年、二〇〇九年度で14回目）の開催、討論会、シンポジウム、講演会の開催あるいは就学訴訟などの支援活動】

★会の趣旨をより多くのひとに知ってもらい、また活動資金を得るため、グッズの販売、出版物の刊行などの事業活動をおこないます。【ブックレット（二〇〇九年九月現在21冊）】

会員になると

★会費（年間四，〇〇〇円）を納めていただきます。

★会報をお送りします。（年10回程度発行）会報は会員どうしの情報交換の場であり、運動をすすめるための資料となります。各地の動きや個人の悩み、相談、原稿など、気軽にお寄せください。

★ご希望の方には、お住まいの近くにいられる会員を紹介します。各地域の情報交換や会員どうしが支え合える関係づくりに役立ててください。

★会員名簿をお送りします。会員名簿は会員のみなさんのお名前を載せていいかどうかを確認したうえで作成しています。会員にのみ無料で配布します。

★全国連絡会の入会・退会は個人の自由です。退会される場合は、事務局に必ずご連絡ください。また、住所・電話などの変更も、早めにお知らせくださいますように。

賛助会員のお願い

★全国各地の障害児と保護者をめぐる状況はなお厳しく、全国的な活動を続けるため、財政面でご支援いただきたく、会員加入とは別に、賛助会員の加入を呼びかけています。多くのみなさんのご支援をお願いします。

賛助会員（個人）一口年間一〇，〇〇〇円

賛助会員（団体）一口年間五〇，〇〇〇円

★賛助会員となった個人、団体にも会報、資料、集会のご案内などをお送りします。

《年会費および賛助会員費の振込み先》

会費の振込み先と同じです。

入会するには

個人加入が原則です。

申込書に必要なことを書き入れ、事務局まで郵送してください。電話、ファックス、Eメールでのお申し込みも受け付けます。

年会費は1口四，〇〇〇円で何口でもOK。郵便局振替用紙でご入金ください。

郵便振替：00180-0-73366
加入者名：障害児を普通学校へ・
全国連絡会

※会計年度は一月一日から十二月三十一日までです。年度途中で入会なさった方も同額です。

連絡先　●住所：東京都世田谷区南烏山6-8-7楽多ビル3F　●電話：03-5313-7832　●ファックス：03-5313-8052
●Eメール：info@zenkokuren.com　●ホームページ：http://www.zenkokuren.com/

片桐健司（かたぎりけんじ）

１９４７年東京生まれ。１９７０年に東京都公立小学校の教員になる。２００８年３月定年退職。
その後、非常勤教員、講師などを続け、現在、大田区立東調布第一小学校講師。教員生活４８年目を迎える。同時に２０１３年、ともいき学習教室・教育相談室を開設。地域の子や親とつきあっている。また、「品川・地域で共に生きる会」、「障害児を普通学校へ・全国連絡会」などにかかわり、「誰もがともに」を願って活動している。
〈著書〉
「障害があるからこそ普通学級がいい」（２００９年　千書房）
「心はいつもとぎすませていたい」（２０１３年　日本バプテスト連盟　部落問題特別委員会）
〈共著〉
「どの子も地域の学校へ」（１９８０年　柘植書房）
「みんなといっしょの教室で」（１９８１年　柘植書房）
「養護学校義務化以後」（１９８６年　柘植書房）
「理科を変える　学校が変わる」（２００１年　七つ森書房）
「子どもとゆく」（２００４年　コモンズ）
「どうする特別支援教育」（２００４年　アドバンテージサーバー）

普通学級で障害児と共に生きる
地域で共に学ぶことをめざしてきた一教師のコラム集

2017年9月1日　　初版第1刷
著　者　　片桐健司
発行者　　志子田悦郎
発行所　　**株式会社千書房**
横浜市港北区菊名5－1－43－301
TEL　045－430－4530
FAX　045－430－4533
振　替　00190-0-64628

ISBN　978-4-7873-0056-0　C0036